Gabriele Cwik (Hrsg.)
**Selbstständiges Lernen
unterstützen**

LEHRER-BÜCHEREI
GRUNDSCHULE

Herausgeber

Gabriele Cwik war Rektorin an einer Grundschule und pädagogische Mitarbeiterin im Ministerium für Schule und Weiterbildung des Landes Nordrhein-Westfalen. Sie ist Schulrätin in der Schulaufsicht der Stadt Essen und zuständig für Grundschulen.

Dr. Klaus Metzger ist Regierungsschulrat, zuständig für alle fachlichen Fragen der Grundschule und die zweite Phase der Lehrerausbildung für Grund- und Hauptschulen im Regierungsbezirk Schwaben/Bayern.

Die Autoren:
Gabriele Cwik (siehe oben)
Stephanie Dellel, Lehrerin
Prof. Dr. Kurt Hess, Studienleiter Fachdidaktiken und Fachdidaktiker Mathematik an der Pädagogischen Hochschule Zentralschweiz, Zug
Ulrike Michalsen-Burkardt, Lehrerin, Konrektorin einer Montessori-Grundschule
Dr. Angelika Sehr-Gerrens, Mitarbeiterin am Lehrstuhl für Schulpädagogik der Universität München
Prof. Beat Wälti, Fachdidaktiker Mathematik an der Pädagogischen Hochschule Nordwestschweiz
Dr. Felix Winter, Wissenschaftlicher Abteilungsleiter am Institut für Gymnasial- und Berufspädagogik der Universität Zürich
Cordula Witte, Lehrerin einer Montessori-Grundschule, Berlin
Alexandra Zuralski, Lehrerin

Gabriele Cwik (Hrsg.)

Selbstständiges Lernen unterstützen

Konzepte und Methoden
Unterrichtsbeispiele
Für die Jahrgänge 1 bis 4

Die in diesem Werk angegebenen Internetadressen haben wir überprüft (Redaktionsschluss 27.04.2009). Dennoch können wir nicht ausschließen, dass unter einer solchen Adresse inzwischen ein ganz anderer Inhalt angeboten wird.

Nicht in allen Fällen war es uns möglich, den Rechteinhaber ausfindig zu machen. Berechtigte Ansprüche werden selbstverständlich im Rahmen der üblichen Vereinbarungen abgegolten. Wir bitten um Verständnis.

Bitte vergrößern Sie die Kopiervorlagen mit 141 %. Sie erhalten dann eine DIN-A4-Seite.

www.cornelsen.de

Bibliografische Information: Die Deutsche Bibliothek verzeichnet diese Publikation in der Deutschen Nationalbibliografie; detaillierte bibliografische Daten sind im Internet über http://dnb.ddb.de abrufbar.

Dieser Band folgt den Regeln der deutschen Rechtschreibung, die seit August 2006 gelten.

5.   4.   3.   2.   1.   Die letzten Ziffern bezeichnen
13   12   11   10   09   Zahl und Jahr der Auflage.

© 2009 Cornelsen Verlag Scriptor GmbH & Co. KG, Berlin
Das Werk und seine Teile sind urheberrechtlich geschützt. Jede Nutzung in anderen als den gesetzlich zugelassenen Fällen bedarf deshalb der vorherigen schriftlichen Einwilligung des Verlags.
Hinweis zu §§ 46, 52 a UrhG: Weder das Werk noch seine Teile dürfen ohne eine solche Einwilligung eingescannt und in ein Netzwerk eingestellt werden oder sonst öffentlich zugänglich gemacht werden.
Dies gilt auch für Intranets von Schulen und sonstigen Bildungseinrichtungen.
Projektleitung: Gabriele Teubner-Nicolai, Berlin
Redaktion: Katrin Oberländer, Köln
Herstellung: Brigitte Bredow, Berlin
Umschlaggestaltung: Claudia Adam, Darmstadt, unter Verwendung eines Fotos von Klaus G. Kohn, Braunschweig
Illustrationen: Silvia Langhoff, Köln
Satz und Layout: FROMM MediaDesign, Selters/Ts.
Druck und Bindung: fgb · freiburger graphische betriebe
Printed in Germany
ISBN 978-3-589-05142-7

Gedruckt auf säurefreiem Papier,
umweltschonend hergestellt aus chlorfrei gebleichten Faserstoffen.

Inhaltsverzeichnis

Vorwort 7

1 Selbstständiges Lernen unterstützen 10

1.1 Selbstständig lernen mit Portfolio
(Felix Winter, Ulrike Michalsen-Burkardt, Cordula Witte) 10
Was ist ein Portfolio? 12
Wie legt man ein Portfolio an? 13
Ein Themen- und Rechercheportfolio anlegen 13
Ein Lern- und Entwicklungsportfolio anlegen 19
Und was ist mit der Leistungsbeurteilung? 23
Checkliste: Einführung einer Portfolioarbeit 26

1.2 Beginnendes selbstgesteuertes Lernen mit Wochenplanarbeit
(Angelika Sehr-Gerrens) 27
Selbstgesteuertes Lernen 27
Wochenplanarbeit 28

1.3 Methoden-, Kommunikations- und Kooperationskompetenz
(Gabriele Cwik) 33
Das Konzept „Lernen lernen von Anfang an" 33
Individuelle Methoden trainieren 35
Kommunikation üben 37
Kooperation üben 38

2 Leistungsbewertung: Mathematik förderorientiert beurteilen
(Kurt Hess, Beat Wälti) **41**

2.1 Irritationen im heutigen Mathematikunterricht 41
2.2 Beispiele 44
Auf einen Blick: Anzahlen gliedern (Klasse 1) 45
Multiplikatives Netzwerk aufbauen (Klasse 2/3) 53
Abkürzungen gesucht (Klasse 3) 61
Produkte finden (Klasse 4) 66
Reflexion der Beispiele 71
2.3 Didaktik der Lernumgebungen 72

3 Unterrichtsbeispiele 75

3.1 Deutsch: Zusammengesetzte Adjektive
(Stephanie Dellel) 75
Thema und Intention 75
Durchführung 76
Arbeitsblatt: Zusammengesetzte Adjektive 77

3.2 Sachunterricht: Ein Spaziergang durch Zehlendorf
(Cordula Witte) 79
Wie kann selbstständiges Lernen mit einem Themenportfolio in der Praxis aussehen? 79
Beispiele für Portfolioarbeiten 81
Auswertung der Portfoliobeispiele 86
Arbeitsblatt: Vorgaben für die Portfolioarbeit 87

3.3 Methodentraining im 1. Schuljahr
(Alexandra Zuralski) 89
Grundsätzliche Überlegungen 89
Unterrichtsbeispiele 89
Evaluation des Methodentrainings 97
Arbeitsblätter:
Petras Schultornister 98
Wie sieht denn der Schreibtisch aus? 99
Mein Schreibtisch 100
Schultornister-Kontrolle 101
Liste zur Schultornister-Kontrolle 102
Mein Lerntipp 103
Hausaufgaben 104
Störung! 105
Kurze Lernpausen 106
Meine Hausaufgaben-Tricks 107

Literatur 108

Vorwort

Alle Richtlinien und Lehrpläne der Länder legen mittlerweile den Schwerpunkt auf die Erweiterung von Kompetenzen und weisen das selbstständige Lernen ausdrücklich als Ziel der schulischen Bildung aus. Sie fordern einen Unterricht, der die Schülerinnen und Schüler auf die Zukunft vorbereitet und sie zu einem lebenslangen Lernen motiviert. Die Lehrerinnen und Lehrer sind beauftragt, ihren Unterricht so zu gestalten und zu organisieren, dass diese Ziele erreicht werden.

Diese Forderung ist nicht neu. Bereits seit den Sechzigerjahren unterliegt der Unterricht einem ständigen Wandel. Als Grundlage dienen heute noch Konzepte, die auf Erkenntnissen der Reformpädagogen aufbauen und sicher einzelnen Forderungen der heutigen Lehrpläne gerecht werden können. Doch infolge von Erprobung, Umsetzung und Weiterentwicklung über die Jahrzehnte kann man heute die eine Unterrichtsform von der anderen nicht mehr klar abgrenzen. Stationenlernen, Werkstattlernen, Büffett-Lernen und andere neue Formen sind im Gespräch. Auch der Erhalt des Frontalunterrichts wird nach wie vor diskutiert.

Angesichts dieser Unsicherheit schaffen die immer schneller publizierten Erkenntnisse zum Unterricht aus unterschiedlichen Wissenschaftsbereichen eher Verwirrung als Klarheit. Für den Frontalunterricht, der sich definiert durch genaue Anweisungen durch die Lehrperson und eine fragenorientierte Kommunikationsstruktur, lässt sich jedenfalls sagen, dass er sicher nicht zur Selbstständigkeit der Schülerinnen und Schüler beiträgt. Wenn der Unterricht ausschließlich in dieser Form stattfindet, fehlt die Gelegenheit, Lernmethoden zu erproben, sich mit unterschiedlichen Problemsituationen auseinanderzusetzen und das Lernen nach und nach in die eigenen Hände zu nehmen.

Offensichtlich gibt es den Königsweg für einen guten und erfolgreichen Unterricht nicht. Aus dieser Situation heraus wird es nicht einfacher, die Aufgabe der Unterrichtsentwicklung, die im Anschluss an die PISA-Studien gestellt wurde, umzusetzen. Keiner kann eine eindeutige Anweisung geben, wie denn der Unterricht morgen auszusehen habe. Viele Lehrerinnen und Lehrer fühlen sich überfordert und finden keine Motivation mehr, den eigenen Unterricht zu reflektieren und zu verändern.

Dieses Buch soll Lehrerinnen und Lehrer unterstützen, sich der einen oder anderen Unterrichtsstruktur, die durchaus bekannt ist, zuzuwenden und sie im Alltag über einen längeren Zeitraum zu erproben. Mit dem

Blick auf die gewünschte Anbahnung der Selbstständigkeit bei den Schülerinnen und Schülern können dann einzelne Elemente in das persönliche Handlungsschema für die Unterrichtsdurchführung übernommen werden. Dieses Vorgehen ermöglicht eine individuelle Entwicklung, die jede Einzelne und jeder Einzelne selbst bestimmt. Selbstverständlich ist eine kollegiale Erprobung und Unterrichtsentwicklung von Vorteil, aber nicht immer zeitnah realisierbar. Wichtig ist, dass sich jede und jeder auf den Weg macht.

Nach jahrelangen Diskussionen hat sich der Anspruch einer standortspezifischen Schul- und Unterrichtsentwicklung durchgesetzt. Die Entwicklungswege sind dabei von den Lehrerinnen und Lehrern, den Schülerinnen und Schülern, den Eltern und allen Beteiligten abhängig, die in der Schule leben, die Erziehung und Bildung verantworten und sich im Stadtbezirk für die Schule verantwortlich fühlen. Vielfältige Hinweise, Bilder und Ideen, wie eine solche Schule auf- und ausgebaut, wie der Unterricht strukturiert und wie er optimiert und organisiert werden kann, dienen zur Entwicklung der eigenen Schule im jeweiligen Einzugsgebiet. „Gleichmacherei" würde hier, genauso wie im Klassenraum, die Kreativität und die Identifikation aller Beteiligten mit dem Entwicklungsprojekt Unterricht erheblich stören.

Es gibt viele gute Beispiele wie den „offenen Unterricht" nach FALKO PESCHEL, den Unterricht nach JÜRGEN REICHEN, MARIA MONTESSORI, dem Jena-Plan oder PETER PETERSEN. Keiner ist „richtiger", sondern alle haben eins gemeinsam: die Achtung vor der Individualität des einzelnen Kindes und das Bemühen, Schule als einen Lebensraum zu gestalten und dem Lernen des einzelnen Kindes nicht im Weg zu stehen. Sieht man sich einige Konzepte an, so erkennt man sehr schnell, was für die Kinder am Ort wichtig ist, was sie in ihrer schulischen und persönlichen Entwicklung unterstützt und was zur eigenen Überzeugung passen könnte. Danach ist jede und jeder gefragt, sich um die Umsetzung in den eigenen Unterricht zu bemühen. Daraus entstehen Unterschiede in den Konzeptfeinheiten, die zu einer vielfältigen Schullandschaft beitragen.

Doch der wichtigste Ausgangspunkt aller Unterrichtsentwicklung ist die Philosophie, die allem Handeln zugrunde liegt. Wir wollen eine Unterrichtskultur, die die Selbstständigkeit des Kindes und die individuelle Persönlichkeitsentwicklung zum Ziel hat und jeder und jedem in der Schule mit Achtung begegnet.

Vielleicht dient dieses Buch einigen Lehrerinnen und Lehrern dazu, sich auf den Weg zu machen oder den schon eingeschlagenen weiterzugehen. Es soll ermutigen, mit den Kindern zu lernen und jeden Tag neu zu staunen, was diese entdecken, fragen, probieren, feststellen ..., denn:

Vorwort

Das Kind steht im Mittelpunkt seines Lernens.

Im ersten Teil des Buches werden drei Unterrichtskonzepte vorgestellt, die selbstständiges Lernen unterstützen und in der Schule erprobt wurden. Der zweite Teil beschäftigt sich mit der Leistungsbewertung am Beispiel des Faches Mathematik. Der dritte Teil enthält Unterrichtsbeispiele, die sich auf die im ersten Teil beschriebenen Konzepte beziehen. Alle Beispiele können morgen von jeder Lehrerin und jedem Lehrer umgesetzt werden.

Ich wünsche allen, die diesen Weg der Unterrichtsentwicklung gehen, viel Erfolg und bedeutungsvolle Begegnungen mit den Kindern.

Juni 2009
Gabriele Cwik (Herausgeberin)

1 Selbstständiges Lernen unterstützen

1.1 Selbstständig lernen mit Portfolio

Felix Winter, Ulrike Michalsen-Burkardt, Cordula Witte

Wenn es um das selbstständige Lernen geht, so bedeutet dies zweierlei. Zum einen ist es ein besonderer Weg, auf dem die Annäherung an einen Gegenstand erfolgt, ein Mittel also, das dem Lernen dient. Zum anderen geht es auch um ein Ziel, nämlich darum, selbstständiger zu werden, ganz im Sinne des berühmten Satzes von MARIA MONTESSORI: „Hilf mir, es selbst zu tun." In den Grundschulen sind viele didaktische und methodische Konzepte verbreitet, die den Schülerinnen und Schülern selbstständiges Arbeiten ermöglichen und abfordern. Das gilt insbesondere für die offenen Formen des Unterrichtens wie etwa die Wochenplanarbeit, das projektartige Arbeiten und die Werkstattarbeit, aber auch für Konzepte wie das kooperative und das dialogische Lernen (vgl. GREEN/GREEN 2005; BOCHMANN/KIRCHMANN 2006; GALLIN/RUF 1995, 1999; RUF ET.AL. 2008). Für diese Entwicklung gibt es viele Gründe. Einerseits verspricht eine hohe Selbstständigkeit beim Lernen gute Lernerfolge, zumindest dann, wenn dieses Lernen klug angeleitet und begleitet wird. Andererseits sollen die Schülerinnen und Schüler frühzeitig auf ein lebenslanges Lernen hin ausgebildet werden, das sie selbst steuern und kontrollieren können.[1]

Wenn von selbstständigem und selbstbestimmtem Lernen die Rede ist, wird auch das Portfolio genannt (vgl. HÄCKER 2007). Zum einen ist es ein Instrument der Leistungsdokumentation und Leistungsbeurteilung, das den offeneren Lernvorgängen angemessen ist (vgl. WINTER 2006a). Denn es ist selbst offen für unterschiedliche Arten von Leistungen wie etwa Reflexionen zum Lernprozess oder Produkte, die über einen längeren Zeitraum in Projektarbeit entstanden sind. Weniger bekannt ist die andere Funktion des Portfolios, selbstständiges Lernen zu unterstützen, indem es allen Beteiligen hilft, die selbstständigen Lernprozesse zu verfolgen, zu

---

[1] Zur Begründung des selbstständigen Lernens siehe HUBER 2000.

reflektieren und so zu steuern, dass die individuellen und gemeinsamen Lernziele auch erreicht werden. So gesehen ist das Portfolio auch ein Instrument der Unterrichtsführung.

In dem folgenden Beitrag möchten wir das Portfolio in den beiden genannten Funktionen vorstellen, seine Arbeitsprinzipien grundlegend erläutern und Bedingungen für das Gelingen der Portfolioarbeit beschreiben. Wir werden dies anhand zweier Haupttypen der Portfolioarbeit tun:

- **Themen- und Rechercheportfolios:** Bei dieser Portfolioarbeit beschäftigen sich die Schülerinnen und Schüler über einen Zeitraum von mehreren Wochen intensiv mit einem Thema und dokumentieren ihre Arbeit in Form eines Portfolios. Meist sind die Themen individuell gewählt und knüpfen an ein Interesse des Lernenden an. Ein wichtiges Ziel dieser Arbeit ist es, dass sich die Kinder mit ihrem Lerngegenstand auseinandersetzen, sich wirklich mit ihm verbinden und zu vorzeigbaren Ergebnissen gelangen. Die Selbstständigkeit ist in diesem Zusammenhang vor allem der Weg, gleichzeitig aber auch ein Ziel.
- **Lern- und Entwicklungsportfolios:** Bei dieser Portfolioarbeit wird begleitend zum Unterricht eine Mappe, eine Kiste oder ein Ordner angelegt, in dem ausgewählte Arbeiten gesammelt werden, die den Lernprozess und seine Ergebnisse über einen langen Zeitraum dokumentieren. Solche Portfolios können für ein einzelnes Fach, aber auch für die gesamte schulische Arbeit der Kinder angelegt werden. Wichtig ist dabei, dass an den Portfolios die Fortschritte und Entwicklungen der Schülerinnen und Schüler abgelesen und die Kinder in ihrer Eigenart, in ihren Stärken und Schwächen sichtbar werden können. Diese Portfolioarbeit kann die Selbstständigkeit als Ziel ganz in den Vordergrund rücken, indem die Schülerinnen und Schüler ihre Fortschritte bemerken, über ihr Lernen und ihre Entwicklung nachdenken und mit ihren Lehrerinnen, Lehrern und Eltern Vereinbarungen treffen. Sie lernen sich dabei als Lernende besser kennen und entwickeln ein eigenes Lernverständnis.

Beide Portfoliotypen dienen auch als Ausweis der Leistung der Schülerinnen und Schüler, als ein Dokument, in dem sie aktive Rechenschaft über ihren Lernprozess und dessen Ergebnisse ablegen. Gleichzeitig wird anhand dieses Dokuments ihre Arbeit auch von anderen beurteilt. Und beide Portfoliotypen wirken auf den Unterricht zurück oder sollten das tun. Im ersten Fall ist der Unterricht notwendig auf besondere Weise angelegt, im zweiten Fall muss er zumindest so gestaltet sein, dass darin mit den Portfolios gearbeitet wird.

Was ist ein Portfolio?

Portfolios sind heute weithin bekannt und viele Schulen haben bereits Erfahrungen mit ihnen gemacht. Den unterschiedlichen Portfoliotypen gemeinsam sind folgende wesentliche Merkmale:

- Ein Portfolio ist eine Sammlung von Dokumenten, die unter aktiver Beteiligung der betreffenden Schülerinnen und Schüler zustande gekommen ist und etwas über ihre Lernergebnisse und Lernprozesse aussagt.
- Den Kern eines Portfolios bilden jeweils ausgewählte Originalarbeiten der Schülerinnen und Schüler.
- Zu ihren Arbeiten erstellen die Schülerinnen und Schüler Reflexionen, die auch Teil des Portfolios werden.
- Für das Anlegen eines Portfolios werden in der Regel gemeinsam Ziele und Kriterien formuliert, an denen sich die Schülerinnen und Schüler orientieren können, wenn sie für ihr Portfolio arbeiten und eine Auswahl von Dokumenten zusammenstellen.
- Portfolios werden in einem geeigneten Rahmen präsentiert und von anderen Personen wahrgenommen, z. B. von Mitschülerinnen und Mitschülern, Eltern oder Gästen.
- Anhand von Portfolios finden Gespräche über Lernen und Leistung statt.
- Die in Portfolios dokumentierten Leistungen werden von der Lehrperson bewertet und kommentiert. In ähnlicher Weise machen das auch die Schülerinnen und Schüler selbst.

Damit ist vieles, aber längst nicht alles Wichtige über das Portfolio gesagt. So werden z. B. Portfolios von den Schülerinnen und Schülern häufig schön gestaltet. Die Mappe trägt etwa außen ein selbstgemaltes Bild, das auf ihren Inhalt hinweist. Diese künstlerische Gestaltung ist sinnvoll und zeigt schon in der äußeren Form, dass es sich hier um etwas handelt, das wichtig ist und wertgeschätzt wird (IWAN 2005, 22f.).

In der Praxis gibt es viele Typen von Portfolios, viele Einsatzbereiche und unterschiedliche Funktionen (vgl. Häcker 2006), so z. B. spezialisierte Portfolios, die als Basis für eine Förderkonferenz vor allem dazu dienen, die Talente von Kindern zu entdecken.

Wie legt man ein Portfolio an?

Bevor Sie mit der Portfolioarbeit in einer Klasse beginnen, sind einige Überlegungen anzustellen und Entscheidungen zu treffen. Folgende Fragen spielen dabei eine Rolle (vgl. BRUNNER 2006):
- Welche Art von Portfolio soll eingeführt werden?
- Wozu soll das Portfolio dienen, welche Ziele sind damit verbunden?
- Für welchen Zeitraum soll das Portfolio angelegt werden?
- Wie soll das Portfolio eingeführt werden?
- Wo werden die Portfolios aufbewahrt?
- Passt das Portfolio zu den Themen und Formen des Unterrichts?
- Wie soll die Portfolioarbeit angeleitet und begleitet werden?
- Welche Belege sollen im Portfolio dokumentiert werden?
- In welchem Rahmen wird das Portfolio präsentiert?
- Wie erfolgt die Rückmeldung und Bewertung zum Portfolio?

Manche Entscheidungen können gut mit den Schülerinnen und Schülern gemeinsam getroffen werden. So werden sie von Anfang an in die Planung der Portfolioarbeit einbezogen und wissen, worauf das Ganze hinausläuft. Andere Fragen wiederum müssen vorgängig von der Lehrperson beantwortet werden oder gehören in die Teambesprechung.[2] Als Leitfaden und Kontrollinstrument für die Anlage der Portfolioarbeit können Sie auch die Fragen aus der Checkliste für die Einführung einer Portfolioarbeit (S. 26) benutzen.[3]

Wie ein Themen- und Rechercheportfolio oder ein Lern- und Entwicklungsportfolio angelegt wird, erklären die folgenden Kapitel (s. auch EASLEY/MITCHELL 2004; RAKER/STASCHEIT 2007).

Ein Themen- und Rechercheportfolio anlegen

Ein Themen- und Rechercheportfolio soll allen Schülerinnen und Schülern Gelegenheit geben, intensiv einer sie interessierenden Frage nachzugehen und eigenständig etwas darüber herauszufinden. Damit die Kinder in dieser Weise tätig werden können, sind Rahmenbedingungen notwendig, die ihnen das selbstständige Handeln erleichtern oder ermöglichen. Wenn, wie hier, auf der thematischen Seite mehr Offenheit gewährt ist, muss auf der anderen Seite eine Struktur gegeben sein, die der Steuerung der Hand-

---

[2] Zu didaktischen Fragen der Portfolioarbeit siehe WINTER ET. AL. 2008.
[3] Siehe dazu auch NETZWERK PORTFOLIOARBEIT (o. J.).

lungen dient.⁴ So wird sinnvollerweise vorgegeben, welche Belege, welche Textsorten und anderen Produkte am Ende im Portfolio sein müssen. Eine solche Vorgabe kann z. B. lauten (s. auch WIEDEHAGE 2008):
- „ein ausgefüllter Bogen mit deinen Zielen;
- ein Sachtext zu deinem Thema;
- ein Fantasietext zu deinem Thema;
- eine künstlerische Arbeit;
- ein Reflexionstext;
- kurze Protokolle unserer Beratungen."

Selbstverständlich müssen die Kinder zuvor schon mit dem Schreiben dieser Textsorten vertraut gemacht worden sein. Allein der Reflexionstext kann erst in Zusammenhang mit der Portfolioarbeit eingeführt werden.

In der Regel dient ein Oberthema als Rahmen der Arbeit mit dem Themen- und Rechercheportfolio, innerhalb dessen die Schülerinnen und Schüler ihre individuellen Themen suchen. Dieses Oberthema kann in der Klasse gemeinsam vorbereitet werden und so eine Basis für die individuelle Themenerarbeitung liefern. Außerdem stellt es sicher, dass die Ergebnisse der Einzelprojekte zu einem themenzentrierten, gemeinsamen Wissensschatz beitragen (GROEBEN 2008).

Ein Beispiel lässt dieses Vorgehen plastischer werden:⁵ In einer Grundschulklasse sollen die Kinder aktiv Kontakt zu ihrer näheren Lebenswelt aufnehmen und Erkundungen zu lokalen Einrichtungen und dort ansässigen Berufen durchführen. Ihre Recherchen sollen sie in Form eines Portfolios dokumentieren. Das Projekt hat auch eine historische Dimension: Die Schülerinnen und Schüler sollen eine Vorstellung von der Gewordenheit des Stadtteils bekommen, z. B., indem markante Gebäude gemeinsam angeschaut werden und man sich im lokalen Museum über frühere Lebensweisen und Berufe informiert. Bei diesen vorbereitenden gemeinsamen Ausflügen in die nähere Umgebung entstehen bereits erste individuelle Interessen. Auf dieser Basis entwickeln die Kinder Wünsche und Vorstellungen zu einem Thema, mit dem sie sich näher beschäftigen möchten. Dieses Thema wird in Beratungsgesprächen geklärt, und jedes Kind gelangt schließlich zu einer Themenwahl.

Das Unterrichtsprojekt, auf das wir uns hier beziehen, hatte den Titel „Ein Spaziergang durch Zehlendorf" und fand in Berlin statt (s. Kap. 3.2).

---

4 Einblicke in den Ablauf eines derartigen Unterrichts gibt der Film „Das Geheimnis der Portfolioarbeit" von ULRIKE MICHALSEN-BURKARDT und CORDULA WITTE (2008).
5 Einige Originalportfolios, die auf dem geschilderten Weg entstanden sind, stehen auf http://www.portfolio-schule.de → zum Ansehen.

Dabei wurden z. B. folgende Themen bearbeitet:
- Der Grunewaldturm
- Domäne Dahlem: Die Blaudruckwerkstatt
- Rundgang durch Zehlendorf (Hörkassette)

Die breite Streuung der Einzelthemen ergab sich aus der Art des Oberthemas. Reizvoll daran ist, dass die Kinder direkt sowie aus den Berichten anderer viel über ihr Stadtviertel erfahren. Sie lernen, ihre Umwelt zu erforschen, tieferzugehen, und erwerben Wissen, das die sichtbaren Dinge überschreitet, erläutert und interessanter macht. Andererseits stellt die Vielfalt der Themen eine Herausforderung für die Beratung und Betreuung der Kinder dar. Da sind auch die Eltern und vielleicht Verwandte gefordert, die Kinder darin zu unterstützen, Erfahrungen zu sammeln und Kontakte zu knüpfen, was sie in der Regel gern tun. Die Lehrperson muss darauf achten, dass alle Kinder Unterstützung bekommen und dass die Themen für die Kinder selbst bearbeitbar sind. Ihre Möglichkeiten und auch die Ressourcen müssen abgeschätzt und aktiviert werden.

Ein anderes, häufig gewähltes Oberthema sind Tiere. Hier fällt es den Kindern meist leicht, ein Tier zu finden, über dessen Lebensweise sie mehr herausfinden wollen. Für den gemeinsamen Unterricht ergeben sich daraus viele Möglichkeiten, Kenntnisse über Tiere, ihre Eigenarten und Gemeinsamkeiten, ihre besonderen Fähigkeiten und ihren Nutzen für den Menschen zusammenzutragen. Der Vorteil der längerfristig angelegten Portfolioarbeit und ihrer Arbeitsmethoden liegt u. a. darin, dass die Schülerinnen und Schüler hier Zeit haben, auch sinnlich-praktische Eindrücke und Erfahrungen mit dem Tier zu sammeln – z. B. durch einen Besuch bei einem Bauern oder im Zoo – und nicht nur Informationen aus Büchern und vielleicht auch dem Internet zusammenzutragen.

Eine besondere Unterrichtsstunde markiert den gemeinsamen Auftakt der Unterrichtsepoche mit Portfolio. Zu dieser bringen alle Schülerinnen und Schüler einen Gegenstand mit, der auf ihr Thema verweist, und stellen ihn an ihren Tischen aus. Auf diese Weise wird schon früh der Horizont sichtbar, auf den die Klasse zugeht. Die Schülerinnen und Schüler können bereits zu diesem Zeitpunkt Interesse auch für die anderen Projekte zeigen und bauen Erwartungen für die spätere Präsentation auf. Manchmal vermitteln sich die Schülerinnen und Schüler bei dieser Gelegenheit auch wertvolle Kontakte zu Personen, die Auskünfte geben können. In dieser Auftaktveranstaltung kann auch auf den Prozess der Arbeit vorausgeschaut werden. Das kann einerseits Vorfreude wecken, andererseits auch ein Bewusstsein für die kommenden Anforderungen, die Stolpersteine und Schwierigkeiten schaffen.

Die individuelle Portfolioarbeit wird sowohl in der Schule, zum Beispiel in Freiarbeitsstunden, als auch als Hausarbeit vorangetrieben. Die Aufgabe der Lehrperson ist es, Beratungsgespräche anzusetzen und durchzuführen, in denen der Stand der Arbeiten angeschaut und Entscheidungen für das weitere Vorgehen getroffen werden. Solche Gespräche werden meist begleitend zur Freiarbeit mit einzelnen Schülerinnen und Schülern oder in kleinen Gruppen durchgeführt. Die Kinder schreiben kurze Ergebnisprotokolle dazu und fügen sie ihrer Portfoliomappe bei. Die Texte für das Portfolio werden überarbeitet. Dadurch gewöhnen sich die Schülerinnen und Schüler daran, ihre Arbeiten zu kontrollieren und zu verbessern. Sie können dazu fremde Hilfe in Anspruch nehmen, sollen aber berichten, woher diese kam und worauf sie sich bezog. Für die Unterstützung durch die Eltern ist es sinnvoll, Richtlinien in Form eines Portfoliobriefs herauszugeben.[6]

Den Höhepunkt der Unterrichtsepoche mit Portfolio bilden die Präsentationen der Arbeitsergebnisse. Dafür gibt es zwei Formate:

- **Einzelpräsentationen:** Dabei stellt jeweils ein Kind seine Arbeitsergebnisse vor. Dafür steht etwa eine Schulstunde zur Verfügung. Dieser Zeiteinsatz ist dann gerechtfertigt, wenn die Klasse durch die Präsentation tatsächlich etwas lernt. In diesem Fall müssen die Präsentationen auf einen längeren Zeitraum verteilt werden. Zu diesen Veranstaltungen werden nach Möglichkeit auch die jeweiligen Eltern und möglicherweise andere Gäste eingeladen. Der Rahmen der Präsentation muss dem Ereignis entsprechend würdig und schön gestaltet sein. Viele Schülerinnen und Schüler haben heute bereits im Grundschulalter ausgeprägte Fähigkeiten zur Präsentation, die im Rahmen der Portfolioarbeit sichtbar werden. Sie können die Präsentation selbst planen und durchführen, ohne dass die Lehrperson viel Unterstützung leisten muss. Es reicht, wenn ein Mitschüler oder eine Mitschülerin ihnen dabei assistiert, sie berät und ihnen hilft. Andere Kinder brauchen auch die Beratung und Hilfe der Lehrperson, wenn sie ihre Präsentation planen.
- **Präsentationen im Rahmen eines „Marktes":** Dabei stellen alle Schülerinnen und Schüler an einem Tag ihre Arbeitsergebnisse und Portfolios an schön gestalteten Tischen aus und geben Auskunft dazu. Eltern, Schülerinnen und Schüler anderer Klassen und weitere Lehrpersonen können und sollen dazu eingeladen werden. Es ist wichtig, dass die

---

6 Einen Beispielbrief an Eltern oder andere externe Berater, der erwünschte und unerwünschte Unterstützung beschreibt, finden Sie auf www.portfolio-schule.de unter Material → Formenblätter → weitere Informationen.

Kinder zu ihren Präsentationen beraten werden und Ideen sammeln. Denn oft müssen noch Gegenstände zur Veranschaulichung des Themas beigebracht oder angefertigt werden (s. WINTER/FREI 2000; vgl. WINTER 2006b). Eine solche Präsentationsform ist zwar weitaus zeitsparender als die Einzelpräsentation, aber die erarbeiteten Inhalte können nur zu einem kleinen Teil an die Mitschülerinnen und Mitschüler vermittelt werden.

Dort, wo sie gut etabliert ist, wirkt die Ergebnispräsentation äußerst motivierend auf die Arbeit der Kinder zurück und vermittelt ihnen das Gefühl, wichtige Mitglieder einer Gemeinschaft zur Wissensbildung zu sein. Sie erhalten Zuwendung und Anerkennung, die weit über ein einfaches Loben hinausgehen, weil sich Menschen für ihre Arbeitsergebnisse und ihre Prozesserfahrungen interessieren.

Wie bereits anklang, ist der Zeitaufwand der Präsentation für viele Lehrpersonen ein Problem, weil sie sich unter Druck sehen, viel Stoff in ungenügender Zeit vermitteln zu müssen, vor allem dann, wenn die Klasse groß ist und entsprechend viele Kinder eine Portfolioarbeit angefertigt haben, die sie nun auch vorstellen wollen. Eine sehr viel günstigere Situation ergibt sich dort, wo altersgemischt gearbeitet wird. Im Falle des Berliner Unterrichtsbeispiels waren jeweils Kinder aus drei Altersklassen in einer Lerngruppe zusammengefasst. Dies hat den großen Vorteil, dass nicht alle Kinder gleichzeitig an einem Portfolio arbeiten und die Zahl der Präsentationen noch bewältigt werden kann. In Jahrgangsklassen kann versucht werden, die Portfolioarbeiten auf das Jahr zu verteilen, doch widerspricht dies der Idee des gemeinsam erarbeiteten Oberthemas.

Mit der Präsentation der Portfolioarbeiten ist die Unterrichtsepoche noch nicht beendet. Nun stehen Rückmeldungen der Lehrperson an, die meist schriftlich als Kommentar gegeben werden (vgl. WINTER/VOLKWEIN 2006). Bei größeren Arbeiten, wie sie die Themen- und Rechercheportfolios in der Regel darstellen, lohnt es sich, über den schriftlichen Kommentar hinaus noch ein Gespräch zu führen, in dem Schlussfolgerungen aus den Lernerfahrungen gezogen und neue Ziele für die weitere Arbeit formuliert werden. Diese können auch als förmliche Lernvereinbarung schriftlich fixiert werden und der individuellen Förderung dienen (vgl. WINTER 2008a).

Beim Themen- und Rechercheportfolio handelt es sich um einen Spezialfall der Portfolioarbeit insofern, als hier nicht ausgewählte Originalarbeiten dokumentiert werden, wie das beim Lern- und Entwicklungsportfolio der Fall ist, sondern in der Regel alle Arbeiten, die im Rahmen des Projekts entstehen. Allerdings sind sie meist mehrfach verbessert, sodass zumindest der für die Auswahl typische kritische Blick, der das Produkt mit den vorgegebenen Anforderungen und den eigenen Qualitätsansprüchen vergleicht, auch hier kultiviert werden kann. Die anderen Merkmale der Portfolioarbeit sind sämtlich vorhanden.

Die Arbeit mit Themen- und Rechercheportfolios eignet sich sehr gut dazu, Erfahrungen mit der Portfolioarbeit zu sammeln. Das gilt für alle Beteiligten. Die Kinder können darin geschult werden, ihre Arbeiten zu planen, zu dokumentieren und zu reflektieren. Der größte Gewinn liegt aber vermutlich darin, dass sie lernen, größere, interessengeleitete Lernprozesse eigenständig voranzutreiben und sich selbst dabei zu steuern.

Oftmals durchlaufen die Schülerinnen und Schüler dabei vollständige Lernakte (s.u.), wie sie im praktischen Leben häufig, in der Schule aber nur selten vorkommen. Bei der Portfolioarbeit entsteht Eigentum am Lernen, und die Kinder erhalten oder erzeugen inhaltliche Rückmeldung zu ihrer Arbeit. Sie erfahren sich als kompetent, autonom und auch eingebunden in eine Gemeinschaft von Lernenden. Damit sind Arbeitsbedingungen hergestellt, die optimal für das Lernen und die Bildung einer nachhaltigen Motivation sind (vgl. DECI/RYAN 1993).

Komponenten vollständiger Lernakte
Die hier aufgeführten Tätigkeiten bilden eine ungefähre Abfolge. Diejenigen, die in der Schule üblicherweise vorkommen, sind fett markiert, solche, die in der Schule besonders selten vorkommen, dagegen kursiv.
- *Einen persönlich interessierenden Themenbereich auswählen*
- Eine Frage formulieren
- Sich Ziele setzen
- Handlungsstrategien entwickeln
- Erfahrungen zu einem Thema sammeln – nach Informationen suchen
- Erfahrungen auswerten – sie reflektieren, ihre Verallgemeinerbarkeit einschätzen
- **Eine Lösung finden, ein Ergebnis formulieren, ein Produkt herstellen**
- **Eine Fertigkeit oder Fähigkeit erüben**
- Erfahrungen und Ergebnisse einer Recherche für eine Präsentation aufbereiten
- Rückmeldungen einholen
- Lernprozesse und Lernerfolge reflektieren
- *Die eigenen Arbeiten bewerten*
- *Schlussfolgerungen aus der Arbeit ziehen und neues Lernen planen*

Ein Lern- und Entwicklungsportfolio anlegen

Beim Aufbau des Lern- und Entwicklungsportfolios geht es darum, für jedes Kind eine Dokumentation seines Bildungsfortschritts anzulegen, die sowohl Prozesse als auch Ergebnisse erkennbar macht. Sie soll inhaltlich Auskunft darüber geben, was die Schülerinnen und Schüler gelernt haben. Sie stellt gewissermaßen ihre Biografie des Lernens dar. Es ist daher wichtig, im Unterricht aussagekräftige Dokumente zu erstellen, zu sammeln und so aufzubereiten, dass sie ohne allzu großen Aufwand wieder angeschaut werden können. Das klingt einfach, erfordert aber Entscheidungen und immer wieder Aufmerksamkeit für diesen neuen Bereich schulischer Arbeit. Denn es ist nicht sinnvoll, wenn das Anlegen der Portfolios zu sehr den Schülerinnen und Schülern überantwortet wird und keine gemeinsamen Formen der Portfolioarbeit gefunden werden.

Eine besonders wichtige und immer wiederkehrende Frage der Portfolioarbeit ist die Auswahl geeigneter Belege für das Lern- und Entwicklungsportfolio. Welche Produkte sind geeignet für die Dokumentation? Welchen Kriterien sollen sie genügen? Folgende Gesichtspunkte sind dabei wichtig: Die Belege sollen

- aussagekräftig sein. Das heißt, sie sollen konkret Auskunft über die Lernvorgänge und Lernerfolge des jeweiligen Kindes geben, zeigen, wie es gelernt hat und was dabei entstanden ist.
- auch aus der Sicht des Kindes bedeutsam sein. Da kann es zu unterschiedlichen Meinungen kommen, wenn die Lehrperson gerne etwas anderes im Portfolio aufbewahrt sähe.
- nicht allzu umfangreich sein. Das entstehende Portfolio soll ja zu bestimmten Gelegenheiten immer wieder angeschaut werden können.
- über verschiedene Lernbereiche Auskunft geben. Manche davon sind schwieriger zu dokumentieren als andere. So müssen z. B. Produkte, die ein Kind gebastelt hat, erst fotografiert und zusätzlich vielleicht beschrieben werden, damit später noch erkennbar ist, was hier geleistet wurde.

In den Portfolios sollen immer Originalarbeiten der Schülerinnen und Schüler gesammelt werden. Die Auswahl von Belegen für das Portfolio sichert nicht nur den materialen Bestand des Portfolios, sie ist auch als Akt sehr bedeutsam. Immer dann, wenn die Auswahl ansteht, muss individuell und gemeinsam überlegt werden, welche Dokumente besonders wichtig sind. Zu bedenken ist, was sie vom Lernen der Person, von ihren Stärken und ihrer Entwicklung zeigen. Bei der Prüfung von Dokumenten für eine Auswahl wird unter Umständen auch festgestellt, dass diese noch einmal überarbeitet werden müssen, um sie zu verbessern oder so aufzubereiten, dass auch ein fremder Betrachter des Portfolios verstehen kann, worum es hier ging.

Bei der Auswahl sind die Kinder wie auch die Lehrperson also aufgefordert, ihre Arbeit noch einmal zu reflektieren und sie vielleicht auch mit fremden Augen anzusehen. Zu diesen Zeitpunkten geht man etwas auf Distanz zur eigenen Arbeit und versucht nachzuvollziehen, was entstanden ist und wie das gelang. Die Kinder sollen sich in der reflexiven Auseinandersetzung mit ihren Arbeiten als Lernende erfahren und anhand des Portfolios erleben, dass sie vorankommen, ganz unabhängig davon, wo sie in der Klasse stehen. Selbstverständlich sind einige Reflexionen eher etwas für die älteren Grundschulkinder als für die Frischlinge, man kann aber schon früh damit beginnen, Schülerinnen und Schüler an das reflexive Schreiben zu gewöhnen, indem man sie z.B. formulieren lässt, was sie heute gemacht haben (vgl. BRAUN 2002).[7]

Für die Lehrpersonen stellt die Arbeit mit Lern- und Entwicklungsportfolios eine wertvolle Quelle der Einsicht in Lern- und Entwicklungsprozesse der Kinder dar. Bei der Portfolioarbeit ergibt sich immer wieder die Notwendigkeit, zu rekapitulieren, was gemacht und was erreicht wurde. Anhand der Portfolios können Entwicklungen einzelner Schülerinnen und Schüler auch über längere Zeitspannen hinweg verfolgt und analysiert werden. Stärken und Lernrückstände der Kinder werden sichtbar, und diese Einsichten können für die Gestaltung des gemeinsamen Unterrichts wie auch für individuelle Fördermaßnahmen genutzt werden.

Das Anlegen von Lern- und Entwicklungsportfolios kann bereits in der ersten Klasse unauffällig beginnen (vgl. RENTSCH 2006). Wichtig ist vor allem, die entstehenden Arbeiten erst einmal zu sammeln, z.B. in einer „Schatzkiste". Werden darin ausgewählte Dokumente abgelegt, stellt die Schatzkiste selbst das Portfolio dar. Dient sie nur als vorläufiges Sammelbecken, wird daneben ein Ordner als Portfolio angelegt, in den ausgewählte und kommentierte Arbeiten gelangen. Es ist ein Merkmal von Portfolios, dass ihre Dokumente für unterschiedliche Zwecke jeweils neu zusammengestellt werden können. So kann z.B. aus der Schatzkiste oder aus dem Portfolio wiederum eine Auswahl erfolgen, um anlässlich eines Gesprächs etwas von den Lernerfolgen eines Kindes zu zeigen.

Damit erkennbar ist, wo und wie die Belege entstanden sind, ist es üblich, sie jeweils mit einem Deckblatt zu versehen. Dieses enthält mindestens Angaben zur Person, zum Datum und zum Unterricht, in dem der Beleg entstanden ist. Darüber hinaus machen die Kinder auf den Deckblät-

---

7 Zur Ausbildung der Reflexionsfähigkeit siehe WINTER 2004, 236 ff.; 2007a, 112 ff.

tern oft selbst Angaben dazu, was sie hier vorlegen und wie sie daran gearbeitet haben. Das sind nebenbei auch willkommene Anlässe zum frühen Schreiben. Ältere Kinder können auch aufgefordert werden, zu formulieren, was ihnen bei dieser Arbeit gelungen ist und was sie gelernt haben.

Ein Klassenzimmer, in dem mit Lern- und Entwicklungsportfolios gearbeitet wird, braucht einige unterstützende Einrichtungen (vgl. JUNGEN 2006). So muss Platz für die Schatzkisten, Mappen oder Ordner sein. Auch Deckblätter müssen bereitgestellt sein. Die Kinder sollen möglichst selbstständig Produkte in ihren Portfolios ablegen und auch jederzeit Zugang zu ihren Dokumenten haben. Portfolioarbeit unterstützt offene Arbeitsformen. Dann braucht das Portfolioklassenzimmer Platz und Material, um eigenständig zu arbeiten. Günstig ist es auch, wenn ein Ort, z.B. eine Sitzecke, vorhanden ist, an dem regelmäßig Gespräche mit Kindern zu ihren Portfolios stattfinden können.

Die Arbeit mit Lern- und Entwicklungsportfolios wird sicher scheitern, wenn sie nicht hinreichend genutzt werden. Was ist damit gemeint? Die Schülerinnen und Schüler müssen erleben, dass ihr Portfolio eine wichtige Sache ist, dass dort nicht nur regelmäßig etwas abgelegt wird. Die Achtsamkeit gegenüber den Portfolios beginnt mit einem schön gestalteten Ablagesystem und geht weiter, indem die Belege gut ausgearbeitet und ordentlich verwahrt werden. Darüber hinaus müssen die Portfolios immer wieder hervorgeholt, betrachtet und bei besonderen Gelegenheiten auch ausgestellt werden. In den Gesprächen zum Portfolio müssen die Kinder erfahren, dass ihre Arbeiten ernst genommen und anerkannt werden, dass sich Mitschülerinnen und Mitschüler und auch die Erwachsenen dafür interessieren. So können sich Schülerinnen und Schüler z.B. Kommentare zu ihren Portfoliobelegen schreiben und Tipps geben. Wenn bei Eltern- und Fördergesprächen Portfolios auf dem Tisch liegen, bereichern sie diese Gespräche, denn die Kinder können z.B. selbstständig und konkret zeigen, was sie gemacht und geleistet haben (vgl. LÖTSCHER/SCHÄR 2006).

Mithilfe der Lern- und Entwicklungsportfolios können die Lehrpersonen ihre eigene Arbeit und die Entwicklung der Kinder regelmäßig verfolgen und besprechen. In den USA, wo die Portfolioarbeit schon lange verbreitet ist, gibt es viele Schulen, an denen sich die Lehrendenteams bei ihren wöchentlichen Besprechungen jeweils auch das Portfolio eines Kindes vornehmen, um nachzudenken, ob sie das erreichen, was sie mit dem Unterricht anstreben (vgl. JERVIS 1996). Sie gewinnen Einblicke in die Arbeit ihrer Schülerinnen und Schüler und überlegen, welche förderlichen Lernbedingungen sie bereitstellen können. Für solche Konferenzen gibt es bewährte Vorgehensmuster (vgl. WINTER 2004, 294ff.; 2007b).

Lern- und Entwicklungsportfolios können – wie Portfolios in der Grundschule überhaupt – unterschiedlich angelegt sein. Drei Richtungen lassen sich ausmachen (vgl. WINTER 2008b).

- Erstens können Portfolios als *Ich-Buch* verstanden werden, in dem vor allem schöne Arbeiten gesammelt werden, an die man das Kind gern erinnert.
- Zweitens kann das Portfolio als ein *Dossier über die Entwicklung* des Kindes angelegt sein. In diesem Fall werden außer einigen Originalarbeiten auch noch weitere Dokumente gesammelt wie Testergebnisse, Nachweise über absolvierte Lerninhalte (Pensenbuch), Lern- und Fördervereinbarungen, Selbsteinschätzungen, Fremdeinschätzungen zur Entwicklung des Kindes u.a.m. Das Portfolio ist dann mehr ein Dokument, mit dessen Hilfe die Schule verfolgt, wie der Lernstand des Kindes ist und welche Maßnahmen zur Förderung vereinbart wurden, und weniger das Eigentum des Kindes.
- Drittens dient das Portfolio als *Lerninstrument*. Dabei werden vor allem Spuren des Lernens gesammelt, und es wird über das Lernen nachgedacht. Die Auseinandersetzung mit der Sache steht im Vordergrund der Dokumentation. Das Themen- und Rechercheportfolio weist in diese Richtung, aber auch die Lern- und Entwicklungsportfolios legen in der Regel einen Akzent auf diesen Aspekt der Portfolioarbeit.

Während Themen- und Rechercheportfolios von einzelnen Lehrpersonen ohne allzu große Vorbereitung im Unterricht eingesetzt werden können, braucht man für die Einführung von Lern- und Entwicklungsportfolios eine längere Planungsphase und auch Beschlüsse auf Schulebene. Es ist fragwürdig, ein System der Bildungsdokumentation in einer Klasse zu etablieren, wenn nicht gesichert ist, dass es später von anderen Lehrpersonen weitergeführt wird. Eine einzelne Lehrperson kann es aber übernehmen, ein Pilotprojekt für die Schule durchzuführen, um die Gangbarkeit und die erforderlichen Maßnahmen zu erproben. Es ist günstig, mit der Bildungsverwaltung einen Experimentalstatus für das Projekt zu vereinbaren, z.B. mit der Regelung, dass keine Noten gegeben werden müssen oder nur am Ende des Schuljahres. Sehr förderlich für die Portfolioarbeit ist es auch, wenn die Halbjahreszeugnisse durch Lern- und Entwicklungsgespräche mit Eltern, Schülerinnen und Schülern und Lehrpersonen ersetzt werden können.

Und was ist mit der Leistungsbeurteilung?

Bislang wurden Fragen der Leistungsbeurteilung eher beiläufig angesprochen, nun soll das auch explizit geschehen. Bei der Portfolioarbeit in den beiden hier vorgestellten Formen wird häufig bewertet, bei unterschiedlichen Anlässen, und nicht nur die Lehrperson ist damit befasst, sondern in großem Umfang auch die Schülerinnen und Schüler selbst. Das ist erwünscht und gehört zu den Intentionen der Portfolioarbeit, damit die Schülerinnen und Schüler lernen, ihre Arbeiten selbst zu reflektieren und zu bewerten. Leistungsbewertung wird damit zu einem Bildungsziel (vgl. WINTER 2006a). Die Lernenden sollen selbstständig Bewertungsgesichtspunkte und Kriterien anwenden, Urteile fällen sowie Schlussfolgerungen ziehen können.

Selbstverständlich treten diese Ziele der Portfolioarbeit in der Grundschule noch nicht in den Vordergrund. Die Kinder können aber daran gewöhnt werden, zu prüfen, ob sie Vorgaben eingehalten und Ziele erreicht haben. Sie können auch dazu angehalten werden, zu überlegen, wie sie gearbeitet und was sie erreicht haben. All das sind wichtige Elemente einer Kompetenz zur Selbstbewertung und Steuerung des eigenen Lernens. Die Kinder erwerben diese Fähigkeiten, indem sie zunächst mit anderen über solche Fragen sprechen und gemeinsam das tun, was sie später eigenständig können sollen. Um diese besonderen Lernprozesse braucht auch kein großes Aufhebens gemacht zu werden, es ist sogar besser, wenn es einfach zur Lernkultur im Klassenzimmer gehört, dass man bespricht, was gelungen ist an der geleisteten Arbeit und was vielleicht noch verbessert werden kann. Was leicht und was schwierig werden dürfte, kann bei der Vorausschau auf Arbeitsprozesse überlegt und bei der Rückschau festgestellt werden. So erwerben die Kinder ein Gespür dafür, welchen Teilen ihrer Arbeit sie sich besonders aufmerksam zuwenden müssen und wo sie vielleicht auch Unterstützung brauchen.

Jüngere Schulkinder neigen dazu, ihre Leistungen auf Anstrengung zurückzuführen und nicht auf Fähigkeiten. Diesen Optimismus muss man nicht bestreiten, aber man soll ihnen helfen, zu lernen, wo sie ihre Anstrengungen einsetzen und wann sie sich Hilfe erbitten müssen. Gerade die langsameren und schwächeren Lernerinnen und Lerner können davon sehr profitieren, weil sie immer wieder Schwierigkeiten zeigen, sich realistische Ziele zu setzen und sich ihrer Arbeit reflexiv zuzuwenden. Dazu braucht es aber auch ein Lernklima, in dem offen und vertrauensvoll über Lernen, Leistungen und auch Fehler gesprochen werden kann. Die Portfolioarbeit kann viel zu einem solchen Klima beitragen.

Eine Besonderheit der Portfolioarbeit ist es, dass die Kinder Gelegenheit erhalten, ihre Arbeiten zu verbessern, bevor sie in ihre Leistungsmappe eingehen. Wie gut eine Arbeit schließlich wird, hängt also wesentlich davon ab, ob man weiß, wie man sie voranbringt, und ob man die nötige Zeit und Anstrengung aufbringt. Das gibt den Schülerinnen und Schülern die Möglichkeit, in ihrer Geschwindigkeit zu arbeiten und etwas besser zu machen, wenn es beim ersten Anlauf noch nicht so gut geworden ist.[8] Leistungen müssen also nicht auf Anhieb gelingen, sie werden nicht im Kaltstart gemessen, wie eine amerikanische Forscherin es genannt hat.

Früher wurde die Schule von vielen Schülerinnen und Schülern als eine unendliche Kette von Prüfungssituationen erlebt, ständig war man auf dem Prüfstand, konnte gefragt werden und etwas wissen oder eben versagen. Das Lernen war dagegen eher Privatsache, für die man selbst sorgen musste. Diesen Eindruck vermitteln viele Schulen heute nicht mehr, aber das bedeutet noch nicht, dass es jetzt genügend Mittel und Gelegenheiten gäbe, wirklich intensiv an der Verbesserung der eigenen Leistungen und Fähigkeiten zu arbeiten. Das Portfolio bietet dafür einen gangbaren Weg. Es ist geeignet, alle Schülerinnen und Schüler zu ermutigen, ihr Bestes zu geben und sich dafür zu interessieren, wie sie noch besser werden. Darin unterstützen sie nicht zuletzt die Reflexionen, in denen sie berichten, wie sie vorgegangen sind. Dabei können die Kinder von anderen lernen und selbst Zusammenhänge von Vorgehen und Erfolg entdecken.

Bei der Portfolioarbeit werden Leistungen, anders als sonst üblich, in einem besonderen Rahmen erbracht, und es kann sich auch um andere Arten von Leistungen handeln. Bei der Arbeit an Themen- und Rechercheportfolios werden häufig vollständige Lernakte erbracht, die viele Teilleistungen umfassen. Diese Teilleistungen können bei der Bewertung beachtet, beschrieben und rückgemeldet werden. Sie stellen Komponenten einer umfassenderen Lernkompetenz dar, welche bei dieser Portfolioarbeit zutage tritt und bewertet werden kann. Schließlich werden bei beiden hier vorgestellten Portfoliotypen in großem Umfang auch Reflexionsleistungen erbracht, die ebenfalls in eine Bewertung einfließen können.

Wie Sie vielleicht bemerkt haben, setzen wir Bewertung nicht mit Benotung gleich (vgl. WINTER 2004). Es geht vielmehr darum, inhaltlich zu prü-

---

8 Eine häufige Frage ist, wie mit der Tatsache umzugehen sei, dass Eltern und andere Personen bei der Portfolioarbeit helfen. Dabei helfen Richtlinien zur Unterstützung für die Eltern. Dass Leistung im Portfolio nur vorgetäuscht werden könnte, stellt für die Schule eher kein Problem dar, weil die Lehrpersonen die Kinder kennen und die Entstehung der Leistung großenteils auch verfolgen können.

fen, zu verstehen und zu beschreiben, welche Leistungen erbracht wurden, welche Kompetenzen die Kinder schon ausgebildet haben und welche noch nicht. Die Leistungsbeurteilung dient damit nicht in erster Linie dem Zweck, die Kinder nach ihrer Leistungshöhe in eine Rangordnung zu bringen. Leistungen haben immer mehrere Dimensionen, und das gilt insbesondere für Portfolios. Die Leistungsbewertung mit Portfolios will dagegen Erkenntnisse für die Verbesserung der vorliegenden Arbeiten gewinnen und Vermutungen darüber aufstellen, wie einzelne Kinder lernen und gefördert werden können. Das geschieht sehr offen, im Dialog mit den Kindern und in der diagnostischen Zusammenarbeit mit beteiligten Kolleginnen und Kollegen. So soll die Leistungsbeurteilung für die pädagogischen Aufgaben zurückgewonnen werden (FLITNER 1999, 244), von denen sie sich allzu oft entfernt und ins rein bürokratische Feststellen von besser und schlechter abgleitet. Die Praxis der Notengebung lässt sich wissenschaftlich heute nicht mehr rechtfertigen. Insbesondere eignet sie sich nicht dafür, klassen- und schulübergreifend Schülerinnen und Schüler auszuwählen. Sie ist aber auch pädagogisch kontraproduktiv, wenn es darum geht, eine sachorientierte Lernhaltung aufzubauen (vgl. BUTLER 2005). Und sie ist nicht geeignet, den Schülerinnen und Schülern inhaltliche Rückmeldung für ihr Lernen zu geben (WINTER 2004, 43 ff.).

Portfolios können die Notengebung vollständig ersetzen. Die Schülerleistungen werden dann in direkter Leistungsvorlage dokumentiert, und jeder, der über den Lernstand Aufschluss haben möchte, kann sich das Portfolio anschauen (vgl. VIERLINGER 1999). Allerdings müssen Schulen Noten für die Schülerleistungen erteilen, zum Teil sogar wieder in den ersten beiden Schuljahren. Daher sehen sich Lehrpersonen, die mit Portfolios arbeiten, auch vor die Frage gestellt, welche Note sie für die Portfolioarbeit erteilen sollen. Das ist in der Regel nicht leicht, denn in den Portfolios sind meistens recht unterschiedliche Leistungen dokumentiert, denen unterschiedliche Kompetenzen entsprechen.

Im Fall der Themen- und Rechercheportfolios kommt hinzu, dass Kinder oft nicht verstehen, wenn sie eine schlechtere Note bekommen, obwohl sie ihr Bestes gegeben haben und über sich hinausgewachsen sind. Andererseits können sie auch nicht nachvollziehen, dass ihre Portfolioarbeit bei der Gesamtbeurteilung ihrer Leistung auf dem Zeugnis nicht berücksichtigt wird. Kompromisse müssen die Lehrpersonen hier individuell suchen. Wir empfehlen, die Noten nicht in den Vordergrund zu stellen und viel direkte Zuwendung zum Portfolio und Anerkennung des Kindes und seiner Leistung zu organisieren. So kann die Freude über den unverrechenbaren Lerngewinn, den das Kind selbst erlebt, erhaltenbleiben und es wird in seiner selbstständigen Arbeit gestärkt.

Checkliste: Einführung einer Portfolioarbeit

Die folgenden Fragen dienen als Leitfaden und Kontrollinstrument für die Anlage einer Portfolioarbeit im Unterricht.

Für welchen Zeitraum soll das Portfolio angelegt werden?
Ein Projekt, eine Recherche, eine Epoche, ein Halbjahr ...

Welche Ziele sollen mit der Portfolioarbeit verbunden werden?
Selbstreflexion anregen, ein Leistungsdokument erstellen, Steuerung des Lernens (z. B. Sicherung einer Breite von Kompetenzen), Aufbau einer Leistungsdokumentation, Ausbildungsberatung, Kontrolle, Diagnose, Leistungsbewertung, Prüfung, Evaluation und Verständigung über Standards ...

Wie verhält sich das Portfolio zum Unterricht?
Wird es weitgehend im Unterricht erarbeitet oder überwiegend parallel dazu in Hausarbeit? Wie fließen die Portfolioarbeiten wieder in den gemeinsamen Unterricht ein und welche?

Welche Inhalte oder Belege sollen im Portfolio gesammelt werden?
Was kommt infrage? Wie soll das Verhältnis von Offenheit und Vorgabe sein? Welche Vorgaben sollen gemacht werden? Womit fängt man an, was kommt später vielleicht dazu?

Wie soll die Anleitung der Portfolioarbeit erfolgen?
Schriftliche Anleitungen, regelmäßige Gespräche, Zwischenpräsentationen der Portfolios ... Wo soll die Verantwortung liegen?

Wie sollen die Portfolios gestaltet werden, und wo werden sie aufbewahrt?
Einlegemappen, Ordner, Hängekarteien, Kartons, individuelle Umschlaggestaltung ... Sollen vorläufige Sammlungen entstehen, aus denen später ausgewählt wird?

Wie werden die Reflexion und Selbstorganisation der Portfolioarbeit angestoßen und organisiert?
Schriftliche Anleitungen, früher Austausch, Zusammenarbeit der Schülerinnen und Schüler (z. B. in Lernpartnerschaften) ... Welche Deckblätter, Rückmeldebögen, Selbsteinschätzungen sollen ggf. eingesetzt werden?

Wo werden die Portfolios wahrgenommen, anerkannt, und welche Gratifikationen sind damit verbunden?
Präsentationsveranstaltungen (Einzelpräsentationen, Markt, mit oder ohne Einladung Außenstehender), Kommentar- und Rückmeldebögen, Gespräche, Noten (wann und wofür) ...

Wie soll das Team oder das Kollegium über die Portfolioarbeit informiert werden?
Kann die Portfolioarbeit eigenständig von der Lehrperson begonnen werden (z. B. bei Themen- und Rechercheportfolios), oder muss eine Absprache mit der Schulleitung und im Kollegium erfolgen?

1.2 Beginnendes selbstgesteuertes Lernen mit Wochenplanarbeit

Angelika Sehr-Gerrens

Die Idee für diesen Artikel entstand aus zahlreichen positiven Erfahrungen mit Wochenplanarbeit, die ich als Lehrerin in der Grundschule sammeln konnte. Zu erleben, wie viel Spaß Schülerinnen und Schülern Wochenplanarbeit macht, wie selbstständig sie arbeiten und wie gut sie sich ihre Zeit einteilen können, führte mich zu der Fragestellung, ob Wochenplanarbeit Potenziale für die Entwicklung selbstgesteuerten Lernens in der Grundschule enthält.

Selbstgesteuertes Lernen

Es gilt also, vorab zu klären, ob selbstgesteuertes Lernen bereits in der Grundschule möglich ist, und wenn ja, wie es angebahnt werden kann.

> „Selbstgesteuertes Lernen ist eine Idealvorstellung, die verstärkte Selbstbestimmung hinsichtlich der Lernziele, der Zeit, des Ortes, der Lerninhalte, der Lernmethoden und Lernpartner sowie vermehrter Selbstbewertung des Lernerfolges beinhaltet (NEBER, H. 1978). Der Lerner bestimmt im selbstgesteuerten Lernen selbst das Lernziel, den Lerninhalt, die Lernform und fordert bei Bedarf den Lernberater an. Er ist somit derjenige, der aktiv über seinen individuellen Lernprozess in jeglicher Hinsicht entscheidet" (HEROLD/LANDHERR 2003, 8 f.).

Aus dieser Definition wird der hohe Anspruch erkennbar, mit dem selbstgesteuertes Lernen verknüpft ist. Von selbstgesteuertem Lernen bereits in der Grundschule zu sprechen, wäre vermessen, da es als Kompetenz erst gelernt werden muss. Deshalb wird der Begriff der Potenziale selbstgesteuerten Lernens oder des beginnenden selbstgesteuerten Lernens eingeführt. Als Potenziale selbstgesteuerten Lernens werden hier näher betrachtet:
- Lernkompetenz
- Motivation
- Sozialkompetenz
- Selbstständigkeit.

Der Begriff Potenzial impliziert zugleich, dass selbstgesteuertes Lernen durch Selbstinstruktion, Selbstbeobachtung und Selbstevaluation gelernt werden kann. In der Grundschule wird selbstgesteuertes Lernen *angebahnt* in dem Sinne, dass das Kind selbst an eine Aufgabe herangehen kann, ohne von der Lehrerin oder dem Lehrer gänzlich dazu angeleitet zu werden. Im Sinne der Selbstbeobachtung kann es dazu angeregt werden, über sich selbst zu sprechen und darzustellen, was es gelernt hat. Schließlich soll es beurteilen lernen, ob das Was und das Wie seines Lernens für es selbst und den Lernprozess zufriedenstellend sind.

Selbstgesteuertes Lernen muss also erst gelernt werden, was bedeutet, dass die Lehrperson die Selbstständigkeit der Schülerinnen und Schüler anregen und zulassen muss, indem sie ihren Unterricht öffnet. Mit Öffnung ist in diesem Zusammenhang die verstärkte Mitbestimmung der Schülerinnen und Schüler gemeint hinsichtlich

- der Lerninhalte,
- der zu bearbeitenden Aufgaben,
- der Sozialform,
- der Zeiteinteilung und der Raumnutzung im Klassenzimmer.

Diese Art von Mitbestimmung verlangt nach einer Unterrichtsform, die Schülerinnen und Schüler selbst Entscheidungen treffen lässt. Eine mögliche derartige Unterrichtsform ist die Wochenplanarbeit.

Wochenplanarbeit

„Wochenplan ist ein Konzept der Unterrichtsorganisation. Die Schüler erhalten zu Beginn eines bestimmten Zeitraumes (z. B. eine Woche) einen schriftlichen Plan, der Aufgaben verschiedenen Typs aus verschiedenen Inhaltsbereichen enthält; [...] In dafür vorgesehenen Unterrichtsstunden (z. B. eine Stunde täglich aber auch mehr oder weniger) erarbeiten die Schüler diesen Plan selbständig, allein oder in Gruppen bzw. nehmen Hilfe in Anspruch, soweit notwendig. Nach der Bearbeitung einzelner Aufgaben sollen diese selbst kontrolliert und auf dem Plan als erledigt eingetragen werden" (HUSCHKE/MANGELSDORF 1988, 11).

Im Allgemeinen findet Wochenplanarbeit drei bis acht Unterrichtsstunden pro Woche statt. Den Wochenplan erstellt eine Lehrperson alleine oder zusammen mit den Schülerinnen und Schülern.

An dieser Stelle eröffnet sich der erste Freiraum, der den Schülerinnen und Schülern gegeben werden kann, nämlich die Mitbestimmung bei der Erstellung des Wochenplans. Der Wochenplan kann in einen Pflicht- und einen Wahlbereich eingeteilt sein, die Kinder bearbeiten ihn selbstständig. Dadurch haben sie mehr Möglichkeiten, ihren Lernprozess selbst zu gestalten und zu steuern. Die Lehrperson hat Zeit zur Beobachtung, Beratung, Hilfe und Differenzierung.

Der Wochenplan zeigt den Schülerinnen und Schülern, was sie im Rahmen einer Woche zu erledigen haben. Häufig wird der Wochenplan am Montag besprochen und geplant und am Freitag abgeschlossen mit einem Wochenplanabschlusskreis, in dem auch eine Beurteilung und Reflexion der Leistungen und Prozesse im Rahmen der Wochenplanarbeit stattfindet. In dieser Beurteilung dürfen die Schülerinnen und Schüler ihre Zufriedenheit oder Unzufriedenheit mit der Wochenplanarbeit äußern. Daraufhin wird mit ihnen zusammen der Wochenplan für die folgende Woche entworfen und besprochen. Sie dürfen Vorschläge machen, was sie schreiben, rechnen, lesen, zeichnen oder basteln wollen. Über diese Vorschläge wird abgestimmt.

Ebenso denkbar wäre es, dass die Lehrperson den Wochenplan der folgenden Woche selbst gestaltet. Wenn eine Klasse gerade mit Wochenplanarbeit beginnt und die Schülerinnen und Schüler noch wenig selbstständiges Arbeiten gelernt haben, ist eine gelenkte Form der Wochenplanarbeit ein möglicher Einstieg in diese Unterrichtsform.

Die Schülerinnen und Schüler wählen im Rahmen der Wochenplanarbeit die Arbeitsreihenfolge frei und erhalten Gelegenheit, ihr eigenes Lerntempo zu finden, Pausen selbstständig zu setzen und einen Flow (vgl. CSIKSZENTMIHALYI 1993) ungestört zu leben. Sie können sich dabei nur auf eine Aufgabe konzentrieren und diese ohne Störung bearbeiten. Außerdem können sie Lern- oder Erholungsspiele individuell einplanen und entscheiden, ob sie alleine, zu zweit oder zu dritt arbeiten wollen. Ihren Arbeitsort wählen sie selbst und setzen eigenständig Übungsschwerpunkte. Sie haben die freie Entscheidung, bei wem sie sich Hilfe holen und ob sie selbst als Helfer tätig werden wollen. Wochenplanarbeit macht Schülerinnen und Schülern Spaß, denn
- sie schätzen es, mit einem Partner ihrer Wahl zusammenarbeiten zu dürfen, ohne Streit mit ihm zu haben,
- sie wollen eigene Entscheidungen treffen,
- sie können mit Wochenplanarbeit gut lernen, und
- sie sind zufrieden mit sich selbst.

Die meisten Schülerinnen und Schüler empfinden es als sehr positiv, dass sie sich ihre Zeit selbst einteilen und über ihr Arbeitstempo selbst bestimmen dürfen. So erreichen sie eine Selbstregulierung und eigene Planung ihrer Lernschritte, der Beginn des selbstgesteuerten Lernens. Damit geht einher, dass die Schülerinnen und Schüler lernen, ihre Arbeit zu organisieren, einzuteilen und zu planen, damit sie am Ende der Woche mit der vorgenommenen Arbeit fertig sind. Sie müssen nicht jeden Tag dasselbe Pensum erledigen, sondern können nach Tagesform entscheiden. Der Grad der Mitbestimmung hinsichtlich der Lerninhalte ist jedoch gering. Die Lerninhalte werden meist von der Lehrperson vorgegeben, wenngleich Schülerinnen und Schüler dazu Vorschläge machen dürfen, besonders bei den zu bearbeitenden Aufgaben. Vor dem Hintergrund der Selbstbestimmungstheorie von DECI und RYAN (1993) lässt sich feststellen, dass die Wochenplanarbeit, sofern sie in einem geöffneten Unterricht erfolgt, selbstgesteuertes Lernen ermöglicht, indem sie zumindest in Ansätzen die drei angeborenen Bedürfnisse eines Lernenden erfüllt nach

- Kompetenz,
- Autonomie und
- sozialer Eingebundenheit.

Welche Art von Wochenplanarbeit durch die Lehrperson ermöglicht wird, hängt davon ab,

- wie offen sie die Wochenplanarbeit durchführen kann und
- wie groß der Grad der Öffnung und damit der Grad der Mitbestimmung durch die Schülerinnen und Schüler ist.

Wochenplanarbeit kann ein Ausfüllen vorgegebener Arbeitsblätter sein oder ein von der Lehrerin oder dem Lehrer gesteuerter Arbeitsplan bis hin zur Realisierung der genannten Potenziale selbstgesteuerten Lernens im Rahmen einer Wochenplanarbeit, die einen hohen Grad der Öffnung aufweist, was die Mitbestimmung der Schülerinnen und Schüler angeht. Wenn Wochenplanarbeit geöffnet erfolgt, fördert sie Selbstständigkeit, Motivation, Sozialkompetenz, die Zufriedenheit mit sich selbst und das Lernen von Organisation und Planung (vgl. SEHR 2007).

Die Rahmenbedingungen von Schule setzen aber auch Grenzen nicht nur für Wochenplanarbeit, sondern auch für andere Formen offenen Unterrichts und schränken die Schülerinnen und Schüler in ihrer Entscheidungsfreiheit ein. Die Lerninhalte werden durch Richtlinien und Lehrpläne vorgegeben, sodass sich die Schülerin oder der Schüler nicht immer bei deren Auswahl einbringen kann. BECK/GULDIMANN/ZUTAVERN, die zwei Jahre mit 18 Versuchsklassenlehrerinnen und -lehrern arbeiteten, die sich eine gezielte Förderung der Eigenständigkeit der Schülerinnen und Schüler zum Ziel gesetzt hatten, nennen weitere Grenzen und Herausforderungen für die Lehrenden (1991, 760 f.):

„1) Zunehmende Eigenständigkeit der Schüler wird zuerst als Aufgabenverlust durch die Lehrperson erlebt. Die neuen Rollenanforderungen werden gespürt,

können aber nicht ‚eigenständig' definiert werden, sondern wirken verunsichernd. [...]
2) Für die neue Rolle des Lernberaters fühlen sich Lehrer nicht kompetent genug. [...]
3) Die Lehrer werden zunehmend mit Anforderungen der Schüler an die Art des Lernens im Unterricht konfrontiert. [...]
4) Lehrer müssen den Schülern mehr Freiräume im Unterricht einräumen, um eigenständiges Lernen zu ermöglichen."

Mancher dieser Grenzen kann entgegengewirkt werden, indem ein klares Regelwerk der Wochenplanarbeit zugrunde gelegt und mit der Klasse besprochen wird, wie z.B.
- Flüsterton,
- Beenden jeder begonnenen Arbeit,
- Aufräumen aller verwendeten Materialien,
- selbstständiges Herausfinden (Lexikon, Mitschülerinnen und Mitschüler, Lehrer fragen),
- Zusammenarbeit und
- gegenseitige Hilfe.

Gemeinsam mit den Schülerinnen und Schülern aufgebaute Kommunikations- und Organisationsformen in einer vorbereiteten Umgebung vermitteln Orientierung, Übersicht und Klarheit. Sorgfältig erarbeitete soziale Regelungen gewährleisten eine gute Arbeitsatmosphäre und ermöglichen, dass zeitgleich unterschiedliche Aktivitäten stattfinden. Wenn die Schülerinnen und Schüler notwendige Arbeitstechniken beherrschen, zusammenarbeiten, Aufgaben begründet auswählen und die Regeln geklärt sind, kann ein gleitender Einstieg in die Wochenplanarbeit über einen Arbeitsplan in einem Fach, z.B. zur Rechtschreibung, oder einen Tages- oder Zweitagesplan erfolgen.

Die Aufgabenstellungen sollten auch Phasen der Gruppenarbeit enthalten, Selbstkontrolle ermöglichen und neben Übungsaufgaben auch Fragestellungen von Schülerinnen und Schülern zur Erarbeitung aufnehmen. Wurden genügend Erfahrungen gesammelt, kann der zeitliche und inhaltliche Umfang der Wochenplanarbeit ausgedehnt werden und zunehmend einen selbstständigen Umgang mit Aufgaben, selbstgesetzten Zielen und auch der schulischen Lernzeit ermöglichen.

In Wochenplanabschlusskreisen werden Erfahrungen über das Lernen wie Lernprozesse, -ergebnisse oder -probleme ausgetauscht. In diesen Planungsgesprächen wird die Beteiligung der Schülerinnen und Schüler am eigenen Lernen entwickelt und organisiert. Sie beginnt innerhalb kurzer Zeitspannen anhand von Aufgaben überwiegend aus dem Übungsbereich. Später wird der Wahlbereich vergrößert, die Aufgaben werden umfangreicher und anspruchsvoller.

Zusammenfassend sei festgestellt, dass mit offener Wochenplanarbeit Ziele erreicht werden können, die mit geschlossenen Unterrichtsformen schwer zu realisieren sind. Dies bezieht sich besonders auf die Selbstständigkeit, Motivation, Sozialkompetenz sowie die Zufriedenheit mit sich selbst, aber auch auf das Lernen von Organisation und Planung. Die Verwirklichung dieser Ziele im Rahmen von Wochenplanarbeit rechtfertigt die Forderung nach ihrem häufigeren Einsatz in der Praxis. Doch sollte diese Forderung nicht missverstanden werden als Behauptung, Wochenplanarbeit sei *die* Lehrmethode und alles andere sei nicht akzeptabel. TERHART hat darauf hingewiesen, dass die Methoden des Lehrens immer nur im Blick auf den zu erreichenden Lernerfolg beurteilt werden können (2000, 139):

„Lernen kann man ohne Lehre; das Lehren jedoch muss sich am Lernen, genauer: an seinen unterschiedlichen Qualitäten, orientieren. Das heißt: Es gibt nicht ‚die' Lehrmethode, weil es ‚das' Lernen nicht gibt. Je nach angestrebter Lernqualität müssen unterschiedliche methodische Arrangements bereitgehalten werden."

In der Unterrichtspraxis sollte nicht versäumt werden, weitere kleine Schritte in Richtung Selbstbestimmung zu wagen und verschiedene Unterrichtsmethoden einzusetzen, in dem Bewusstsein, dass selbstgesteuertes Lernen nur in wenigen Situationen erreicht werden kann. Auch die Schritte, die dorthin führen, bedeuten eine positive Veränderung im Schulalltag, z.B. dass
- die Lernenden selbstständiger werden, Verantwortung übernehmen für ihr eigenes Handeln,
- die Rolle des Lehrenden sich verändert hin zum Trainer,
- die Individualität der Lernprozesse zunehmend berücksichtigt wird.

Eine Schülerin einer vierten Klasse fasst Wochenplanarbeit für sich folgendermaßen zusammen:

„Wochenplanarbeit hat mir gut gefallen, allerdings möchte ich auch gerne anderen Unterricht, wobei man das nicht richtig vergleichen kann, da man bei dem einen lernt, selbstständig zu werden, bei dem anderen nur lernt. Man kann bei Wochenplanarbeit Lernen lernen, man lernt dabei, zu lernen, wie man sich organisieren kann."

1.3 Methoden-, Kommunikations- und Kooperationskompetenz

Gabriele Cwik

Das Konzept „Lernen lernen von Anfang an"

Jedes Kind ist hochmotiviert, wenn es in die Schule kommt. Es lernte bisher unter optimalen Bedingungen. Seine Fortschritte wurden wahrgenommen, und sehr oft bekam es zeitnahe Bestärkung durch nahestehende Bezugspersonen. Das Kind konnte sein Lerntempo sowie seine Lernziele und -inhalte selbst auswählen. Es entschied sich für ein Lernen mit anderen oder blieb in hoher Konzentration für sich.

Werden diese Bedingungen mit dem Eintritt in die Schule aufgenommen und der Unterricht darauf abgestimmt, so kann die natürliche Motivation zum Lernen erhalten werden. Durch eine individuelle Förderung und eine Anbindung der Lerninhalte an Bekanntes steht jedes Kind weiterhin im Mittelpunkt seines Lernens. Mit der Zeit wird es dann wichtige Erfahrungen in einer sich von der Familie unterscheidenden Gruppe machen können, die für das gemeinsame Lernen, das Zusammenleben in einer Lerngruppe und als Grundlage für ein lebenslanges Lernen notwendig sind. Viele Lehrerinnen und Lehrer haben sich bereits auf die Notwendigkeit einer individuellen Förderung eingestellt. Immer häufiger lassen sie sich bei der Unterrichtsgestaltung und Inhaltsauswahl von der Neugier, den Ideen und den Fragestellungen der Kinder ihrer Klasse leiten.

Besonders erfolgversprechend ist ein Unterricht, in dem das Kind Kompetenzen mit den dazu benötigten Handlungen in der Schule ohne Risiko erproben kann. Es wird dann nach und nach sein Lernen in die Hand nehmen, und seine Selbstständigkeit wird sich stabilisieren. Hierzu eignen sich vor allem die offenen Unterrichtsformen sehr gut. Sie bieten der Lehrerin oder dem Lehrer gleichzeitig Beobachtungszeiträume, um jedes Kind mit seinen Vorlieben, Gewohnheiten und Schwierigkeiten kennenzulernen. Nur so kann die Lehrperson das Kind bei seiner individuellen Entwicklung kompetent beraten und begleiten.

Bis heute können wir nicht auf Untersuchungen zurückgreifen, die uns eine Antwort auf die Frage nach der besten Unterrichtsform und den erfolgversprechendsten Verhaltensmustern für Lehrerinnen und Lehrer geben. Aus der Erfahrung mit dem Konzept „Lernen lernen von Anfang an" wissen wir aber, dass das Kind vor allem verlässliche Strukturen braucht, in denen Lernen stattfindet. Erst wenn das gewährleistet ist, kann sich das Kind auf neue Lerninhalte konzentrieren.

Diesem Anspruch an eine Lernstruktur kommt das Konzept „Lernen lernen von Anfang an" nach. Durch eine klare Abfolge der Lernphasen, durch das Üben unterschiedlicher Lernmethoden und den Einsatz aller Sozialformen (Einzel-, Partner- und Gruppenarbeit) wird das Kind in seiner Lernpersönlichkeit stabilisiert. Es erfährt die Sicherheit und Geborgenheit in der Gemeinschaft, die vor allem junge Kinder für eine gesunde Entwicklung brauchen. Mit diesen positiven Erfahrungen eines gemeinsamen Lernens können wir der Gefahr einer emotionalen Vereinsamung und Vereinzelung entgegenwirken, die durch das nicht aufzuhaltende Fortschreiten der Computerisierung und der Überforderung in einer schnelllebigen Zeit entsteht.

Durch ein konsequentes Methodentraining verfügt das Kind am Ende der Grundschulzeit über ein Repertoire an Lernmethoden, mit dem es in der weiterführenden Schule selbstständig und selbstbewusst weiter lernen kann. Gleichzeitig konnte es seine Sozial- und Kommunikationskompetenz durch vielfältige Erfahrungen und Übungen in der Grundschule erweitern, sodass es auch hier auf eine gute Grundlage zurückgreifen kann.

Diese Übungen werden immer wichtiger, erwirbt doch nicht jedes Kind in der Vorschulzeit in seiner Familie die notwendigen Grundlagen für die Schule und das Lernen. Hat sich das eine Kind schon auf den Weg gemacht, einzelne Buchstaben oder sogar das Lesen zu entdecken, kann sich das andere weder alleine anziehen noch organisieren. Kann das eine nach kurzen Erklärungen selbstständig weiter lernen, ist das andere vor allem zur Überwindung von Schwierigkeiten auf die direkte Zuwendung eines Erwachsenen angewiesen.

Einige Kinder haben sich schon mit vielen Fragestellungen auseinandergesetzt und einen großen Fundus an Wissen erworben. Andere hatten kaum die Möglichkeit, ausreichende Erfahrungen mit sich und der Welt zu machen und damit Wissen zu erwerben, auf das sie in der Schule aufbauen oder zurückgreifen können. Auch für das Unterrichten einer Klasse mit 30 Kindern aus unterschiedlichen Nationen und mit stark differierenden sprachlichen Möglichkeiten ist es notwendig, dass jedes Kind nach und nach in seiner Selbstständigkeit gestärkt wird. Auf diese extreme Heterogenität muss sich die Schule einstellen und mit einer entsprechenden Unterrichtsstruktur reagieren.

Das Konzept „Lernen lernen von Anfang an" entwickelte sich aus den Erfahrungen mit offenen Unterrichtsformen und besteht aus den Bereichen
- individuelle Methoden trainieren,
- Kommunikation üben und
- Kooperation üben.

Alle drei Bereiche hängen eng miteinander zusammen. Kann sich ein Kind nicht sprachlich ausdrücken, wird es kaum in der Lage sein, seine Lernmethoden oder sein Kooperationsverhalten zu reflektieren und seine Gefühle zu verbalisieren. Daher ist es wichtig, dass jede Schule genau auf die Bedürfnisse ihrer Kinder eingeht. Die Diagnose, was unsere Kinder hier am Ort brauchen, damit aus ihnen selbstständige Lernerinnen und Lerner werden, ist der erste Schritt.

So beschäftigen sich einige Schulen in den ersten Schulwochen intensiv mit dem Bereich Kommunikation üben. Sie haben beobachtet, dass die Kommunikationserfahrungen der Kinder so unterschiedliche sind, dass ein gemeinsamer Unterricht ohne Kommunikationstraining nicht möglich gewesen wäre. Andere Schulen beziehen schon in den ersten Wochen das Methodentraining mit ein.

Die Erfahrung mit dem Konzept „Lernen lernen von Anfang an" zeigt deutlich, dass es kein einheitliches Vorgehen geben kann, muss sich doch jede Schule um eine standortspezifische Unterrichtsplanung bemühen.

Folgende Lernphasen sind jedoch für alle Lernsituationen innerhalb des Konzepts „Lernen lernen von Anfang an" erforderlich:
- Vorwissen aktivieren
- Informationen beschaffen
- Informationen verarbeiten und präsentieren
- Informationen sichern

In der ersten Phase des Lernprozesses wird das individuelle Vorwissen aktiviert. Dabei ist der Austausch der Kinder untereinander schon eine Möglichkeit, neue Informationen zu gewinnen für die zweite Phase. Denn keine Phase kann von der anderen scharf getrennt werden.

In der zweiten Phase werden weitere Informationen aktiv handelnd erarbeitet und, geleitet durch eine intrinsische Motivation, mit vorhandenem Wissen vernetzt.

Durch die zeitlich intensive dritte Phase, in der alle bisherigen Informationen untereinander mehrfach diskutiert und präsentiert werden, kann sich das neue Wissen im Langzeitgedächtnis verankern.

Individuelle Methoden trainieren

Viele Schulen haben das Methodentraining schon über die gesamten vier Grundschuljahre erprobt. Das Konzept nimmt Beobachtungen wie die des kognitiven Psychologen ROBERT S. SIEGLER auf (HERSCHKOWITZ/ HERSCHKOWITZ-CHAPMANN 2004, 220):

„ROBERT S. SIEGLER hat das kindliche Denken umfassend erforscht. Er beobachtet, dass Kinder eine Vielzahl von Strategien und Denkweisen ausprobieren, um ein Problem zu lösen, nicht nur eine einzige. Die verschiedenen Strategien blieben so lange nebeneinander bestehen, bis das Kind genügend Erfahrung hat, um zu entscheiden, welche für es in einer bestimmten Situation die beste ist. Dabei ist zu bedenken, dass Entdeckungen aus Misserfolgen ebenso erwachsen können wie aus Erfolgen. Ein Fehler dient dem Kind häufig als Anlass, die Strategie zur Lösung einer bestimmten Aufgabe zu revidieren."

Jedes Kind wendet schon in den ersten Tagen seiner Schulzeit intuitiv Strategien in unterschiedlichen Lernprozessen an. Hierbei erprobt es sich mit einem unglaublichen Selbstbewusstsein, es traut sich etwas zu und ist nicht auf vorherige Erklärungen, vor allem von Erwachsenen, angewiesen. Die Methodenkompetenz wird sukzessiv durch Reflexionsphasen erweitert. Wichtig ist, dass das Kind sein Vorgehen sehr bald nach der Anwendung reflektiert oder erklärt, wie es gelernt hat. Erst daraus entwickelt sich nach und nach die Fähigkeit zur Methodenreflexion, und die Methodenkompetenz wird systematisch aufgebaut.

Natürlich steht vor der Reflexion des Handelns und damit der Methode das Gespräch über den Inhalt oder den Lerngegenstand. Denn genau diesem gilt die vorrangige Konzentration des Kindes. Erst, wenn dem Lerngegenstand genug Aufmerksamkeit gewidmet wurde, ist das Kind bereit, den beschrittenen Lernweg zu beschreiben und sich der Methodenreflexion zu öffnen, wie Siegler sie anregt (HERSCHKOWITZ/HERSCHKOWITZ-CHAPMANN 2004, 220):

„SIEGLER schlägt vor, Kinder zur Entwicklung von Strategien zu ermuntern, indem man sie um eine Erklärung bittet, warum eine Antwort richtig oder falsch ist. Dadurch wird die Aufmerksamkeit nicht allein auf das Resultat gerichtet, sondern auch auf den Weg dorthin."

Das Methodentraining erfolgt in sechs Schritten, die hier anhand der Übung „Mein Schultornister" (vgl. Kap. 3.3) verdeutlicht werden:
- **Methode anwenden** (nach bisherigen Strategien) – Markieren: Was gehört in meinen Schultornister?
- **Lerninhalt verarbeiten** – Den Tornister auspacken, Gegenstände sortieren und den Tornister neu einpacken.
- **Anwendung der Methode reflektieren** – Wie hast du markiert? Wie bist du vorgegangen?
- **Informationen beschaffen** – Hinweise und Tipps zur Methodenanwendung an der Tafel notieren.

- **Informationen verarbeiten** – Methodenplakat erstellen: Wie markiert man das Wichtigste?
- **Informationen sichern** – Die Methode Markieren immer wieder im Unterricht fordern und dadurch einüben.

Kommunikation üben

Das Kind braucht Gelegenheiten, mit anderen Kindern und Erwachsenen zu sprechen. Dadurch lernt es sich auszudrücken und anderen zuzuhören. Gleichzeitig verbessert es seine Fähigkeit, sich sprachlich an die jeweilige soziale Situation anzupassen. Erst über eine ausreichende Kommunikation können auch für das Lernen in der Schule notwendige Werte vermittelt und verstanden werden. Viele Schulleiterinnen und -leiter stellen bei der Schulanmeldung erschreckt fest, dass immer mehr Kinder Verzögerungen bei der Sprachentwicklung aufweisen, die nicht auf organische Störungen zurückzuführen sind. Die Kinder haben kein ausreichendes Repertoire, um sich Gesprächen zu stellen oder ggf. Streitsituationen kommunikativ zu schlichten. Einige Kinder sind in anderen Kulturen aufgewachsen und kennen sich zu wenig mit den sprachlichen Gegebenheiten und Verhaltensweisen am Wohnort aus. Da das Lernen in der Schule nur über eine gemeinsame Kommunikation gelingt, müssen deren Grundlagen erst geschaffen werden, damit alle in etwa die gleiche Sprache sprechen.

Grundsätzlich wollen Kinder im Grundschulalter lernen. Für sie ist die Lehrperson das große Vorbild und ihre Anerkennung und Meinung überaus wichtig. Beide Voraussetzungen sind für ein Nachreifen der Kommunikationskompetenz bedeutsam und bilden die Grundlage, um sich zum Schulbeginn auf den Bereich „Kommunikation üben" zu konzentrieren. Dazu wurden folgende Übungseinheiten entwickelt:
- **Zuhören will gelernt sein**
- **Sprechen**
- **Miteinander sprechen**
- **Gesprächsführung durch Kinder**
- **Argumentieren**
- **Vortrag halten**

Durch diese Übungseinheiten wird eine Kommunikationskultur bei den Kindern gefestigt, die Achtung, Respekt und Zuwendung erfordert. In den Ablauf der Kommunikationsübungen sind immer wieder Reflexionsphasen integriert, in denen sich die Kinder untereinander über ihre positiven Wahrnehmungen bei sich und anderen austauschen, denn:

„Während Kleinkinder damit beschäftigt waren, das Bewusstsein ihrer selbst als Personen zu erwerben, werden sich Vorschulkinder bewusst, dass sie verschiedenen Gruppen zugehören. [...] In dieser Zeit entstehen Freundschaften. Engere Verbindungen sind möglich, weil die Kinder nicht nur die Gefühle und Absichten anderer Menschen besser verstehen, sondern auch mittels der Sprache darüber sprechen können. Kinder entwickeln ein erstes Ensemble von Verhaltensnormen im Umgang mit den Eltern und anderen Kindern in der Familie" (HERSCHKOWITZ/ HERSCHKOWITZ-CHAPMANN 2004, 244).

Kooperation üben

Das Lernen in Gruppen oder im Team ist eine Kompetenz, die in allen Schulformen angestrebt und gefordert wird. Dies gelingt nur, wenn alle miteinander sprechen und Vereinbarungen treffen. Erst dann können die erforderlichen Lernphasen geplant und ausgeführt werden. Weiterhin muss das Kind jeden Tag die Gelegenheit erhalten, sich in der Gruppen- und Teamarbeit zu erproben sowie sein Verhalten und die Abläufe zu reflektieren. Diese Überlegungen müssen in die tägliche Unterrichtsplanung mit einfließen. Das Konzept „Lernen lernen von Anfang an" fordert wiederkehrende Übungen, in denen sich das Kind zuerst selbst mit seinem Verhalten kennenlernt und anschließend das der anderen wahrnimmt.

Für den Bereich „Kooperation üben" wurden folgende Übungssequenzen für die Grundschule entwickelt:
- **Miteinander planen** – Einsatz von Methoden zur gemeinsamen Planung einer Lernsituation
- **Miteinander arbeiten** – Einsatz von Methoden zur effektiven Gestaltung einer Lernsituation
- **Miteinander präsentieren** – Einsatz von Methoden zur Präsentation von Arbeitsergebnissen im Team
- **Miteinander und voneinander lernen** – Methoden planen zur Gestaltung und Durchführung einer Lernsituation in einer Gruppe

Untersuchungen der Gedächtnisforschung fordern darüber hinaus folgende Wiederholungs- oder Übungszeiten:
- erste Wiederholung nach 15 Minuten
- zweite Wiederholung nach 2 Stunden
- dritte Wiederholung nach 12 Stunden
- vierte Wiederholung nach 2 Tagen
- fünfte Wiederholung nach 1 Woche
- sechste Wiederholung nach 2 Wochen

Verknüpft man die zeitlichen Vorgaben der Gedächtnisforschung mit den vier Lernphasen des Konzepts (vgl. S. 35), so ergibt sich daraus folgende zeitliche Abfolge für die Unterrichtsorganisation:

Lernphasen	Zeitliche Organisation
Vorwissen aktivieren	
Informationen beschaffen	mehrere Tage (z. B. drei Schultage), über einen Zeitraum von mindestens zwei Stunden pro Tag
Informationen verarbeiten	
Informationen präsentieren	z. B. am vierten Schultag
Informationen sichern	1) Eintrag ins Lerntagebuch, an den nächsten Tagen weitere Präsentationen durch Lernplakate und Ergänzungen in das Lerntagebuch 2) nach zwei Wochen gemeinsame Sichtung der Dokumentationen, eine gemeinsame Diskussion über das Projektthema oder eine Präsentation vor anderen Klassen oder den Eltern

Die Forderung nach klaren Strukturen gilt auch für die sozialen Kompetenzen. Die Voraussetzungen, um in einer Gruppe mit zum Teil über 30 Personen zu lernen, sind bei den Kindern zum Schuleintritt eher rudimentär angelegt. Zwar haben viele Erfahrungen aus dem Kindergarten, diese sind aber nicht auf Lernen hin ausgerichtet. Die meisten Kinder können durch den Kindergartenaufenthalt zwischenmenschliche Kontakte zu anderen, Freundschaften, unabhängig von deren Herkunft aufbauen und pflegen. Sie sind auch in der Lage, alle Situationen kommunikativ zu bewältigen. Dies ist aber nur möglich, wenn die hierfür entscheidende Entwicklung moralischer Grundsätze und kommunikativer Kompetenz in der Vorschulzeit, vorrangig in der Familie, erworben wurden. Die Fähigkeit, sich gemeinsam mit Inhalten auseinanderzusetzen, und zwar in der Kommunikationsstruktur der jeweiligen Schule, wird dagegen erst in der Schule notwendig und damit auch dort erst erfahrbar.

Nicht mehr der Output, das Ergebnis, ist das vorrangige Ziel des schulischen Lernens, sondern der durch Eigeninitiative und Kreativität gekennzeichnete Lernprozess. Dieser fördert die fantasievolle Auseinandersetzung mit einem Thema, die Suche nach vielfältigen Problemlösungen und führt so zur Erweiterung der Kompetenzen und damit eines gesicherten Wissens. Beide Komponenten, die Kompetenz- und die Wissenserweiterung, sind unerlässlich, um neue Informationen zu vernetzen und eigene

Lernsituationen von Einzel- bis Gruppenarbeit aktiv und selbstverantwortlich gestalten zu können. Dass die Eigeninitiative des Kindes den bedeutendsten Aspekt eines erfolgreichen Lernprozesses darstellt, wurde 1998 in einer Untersuchung über die Auswirkungen von Frühlesen und Frührechnen untersucht (HERSCHKOWITZ/HERSCHKOWITZ-CHAPMANN, 2004, 238):

> „23 Prozent der Kinder hatten bei Schuleintritt ein halbes bis ein Jahr Vorsprung gegenüber den Kindern, die keine Vorkenntnisse in diesen Fächern mitbrachten. Von diesen Kindern haben 80 Prozent aus Eigeninitiative (mit Unterstützung der Eltern) oder durch Imitation ihrer Geschwister gelernt, während 20 Prozent durch die Eltern (ohne Eigeninitiative der Kinder) angeleitet wurden. Nach drei Jahren Schule hatten 60 Prozent der Kinder mit Vorkenntnissen ihren Vorsprung beibehalten. Es waren in der Mehrzahl diejenigen Kinder, die aus Eigeninitiative gelernt haben, weniger diejenigen, die ihre Geschwister imitiert hatten, und am wenigsten diejenigen, die durch die Eltern angeleitet wurden. [...] Wichtiger als das mechanische Training von Fertigkeiten sind in diesem Alter die Grundhaltungen, die das Kind gegenüber dem Lernen entwickelt."

Eigeninitiatives und kreatives Lernen braucht Zeit und Geduld, denn Erfolg ist meist erst nach Wochen oder Monaten erkennbar. HARTMUT VON HENTIG hat es einmal auf den Punkt gebracht (KAHL 2004, 77):

> „[...] eine Unterrichtseinheit, Stunde, Woche oder was immer das auch ist,
> muss ein Erlebnis haben,
> es muss etwas Aufregendes sein: ja, das habe ich noch nie gesehen,
> was ist das [...]
> Das Zweite ist: nachdenken, wie sich das mit dem, was wir vorher getan haben, vereint, woran das anschließt, also einordnen.
> Und das Dritte ist: einüben, sodass ich auch darüber verfüge."

Lehrerinnen und Lehrer, die ihren Unterricht nach dem Konzept „Lernen lernen von Anfang an" gestaltet haben, stellen bei ihren Schülerinnen und Schülern ein hohes Selbstvertrauen und eine größere Selbstständigkeit fest. Jedes Kind ist motiviert, mit hoher Kreativität Neues zu entdecken und Umwege als Lernchance zu verstehen. Dadurch erreicht es einen Lernerfolg, der von Anstrengung und Überwindung von Schwierigkeiten gekennzeichnet ist und beim Kind ein größeres Glücksgefühl hervorruft als ein Erfolg, der nur mit geringem persönlichen Einsatz erreicht wurde.

2 Leistungsbewertung: Mathematik förderorientiert beurteilen

Kurt Hess, Beat Wälti

2.1 Irritationen im heutigen Mathematikunterricht

Vielerorts orientiert sich der Mathematikunterricht an einem über Jahrhunderte tradierten Beurteilungsmuster, obwohl dies kaum vereinbar ist mit dem heutigen Bildungsverständnis: Die Kinder generieren Standardlösungen zu einer bestimmten Anzahl Rechnungen oder Aufgaben, und dies in einem festgelegten Zeitrahmen. Im Gegensatz zur sonstigen Unterrichtspraxis müssen die Kinder dabei auf Rat, Hilfsmittel oder den Austausch mit anderen verzichten. Die Beurteilung weicht von der Bestnote gewöhnlich proportional zur Anzahl der Fehler ab. Bewertet wird, was heute effizienter und zuverlässiger von Maschinen geleistet werden könnte: die Fähigkeit, korrekte Ergebnisse in kurzer Zeit zu erzeugen.

Vor der elektronischen Revolution hatte ein solches Beurteilungskonzept durchaus seine Berechtigung, war doch zuverlässiges (schriftliches) Rechnen in Wirtschaft und Alltag von großer Bedeutung. Heute verstehen wir unter mathematischer Bildung z.B. die Fähigkeit, sich in sozialen und verstehensorientierten Prozessen auf Problemstellungen einzulassen, Hilfsmittel und Informationsquellen zu nutzen, provisorische Ergebnisse zu diskutieren und nachzubessern und eigene Strategien zu vergleichen und anzupassen. Dass sich das tradierte Beurteilungskonzept trotz der offensichtlichen Diskrepanz zu vielerorts unbestrittenen Bildungszielen so hartnäckig hält, liegt vor allem an zwei Faktoren: Zum einen sind alternative, „aufwandneutrale" Beurteilungskonzepte zwar theoretisch entwickelt, in der Praxis jedoch noch nicht verankert und scheinen daher für viele Lehrpersonen kaum realisierbar. Zum anderen folgt die Zuordnung von Punkten oder Fehlern zu Noten einer einfachen und scheinbar objektiven Logik und wird erst in jüngster Zeit hinterfragt.

Das von der Mathematikdidaktik seit Jahrzehnten geforderte verstehensorientierte Lernen ist mittlerweile zumindest ansatzweise in der

Schulpraxis angekommen. Folgende fünf Schlaglichter zeigen den Graben auf, der in den letzten Jahren zwischen der unveränderten Beurteilungspraxis und dem Unterricht entstanden ist.

1. Lehrpersonen[9] messen den Erfolg ihres (u. U. bewusst verstehensorientierten) Unterrichts an guten (ergebnisorientierten) Testleistungen. Folgerichtig gestalten sie den Unterricht zumindest teilweise nach dem Motto *teaching to the test*. Verstehensorientierung wird durch das Abarbeiten von Testaufgaben, die auf richtig oder falsch hin korrigiert werden können, verdrängt. Ganz in diesem Sinne erwarten die Kinder von der Lehrperson präzise Anleitungen, wie sie im Test geforderte Resultate erzielen können.
2. Die Bedenken gegen einen Unterricht traditioneller Prägung werden heute von vielen Lehrpersonen geteilt. Die in der Lehreraus- und -weiterbildung vorgeschlagenen Alternativen wie z.B. ein aktiv-entdeckendes Lernen mit substanziellen Aufgaben im Rahmen von Lernumgebungen sind zwar als Abwechslung willkommen, verändern aber nur selten Unterrichts- oder Beurteilungskonzepte nachhaltig. Der Grund liegt wohl darin, dass das Lernen in Lernumgebungen weder aus Sicht der Kinder noch der Lehrpersonen beurteilungsrelevant ist und daher auch nur zaghaft als Diagnose- und Steuerungsinstrument für den Unterricht wahrgenommen wird.
3. Da das Lernen mit substanziellen Aufgabenstellungen auf unterschiedlichen Niveaus und in unterschiedlichen Komplexitäten oder Bearbeitungstiefen erfolgt, ist eine Übersicht über die individuellen Denkwege und Lernstände der einzelnen Schülerinnen und Schüler mit großem Aufwand verbunden und ist nicht – wie gefordert – in eine Note übertragbar. Eine rein individuelle Beurteilung, welche die Fortschritte eines Kindes widerspiegelt, vermag auch nicht zu befriedigen, da sie trotz immensen Aufwands keinen Aufschluss über die Lernstände innerhalb einer Klasse geben kann.
4. Gemeinhin wird angenommen, dass das Erzeugen richtiger (schriftlicher) Resultate die zu beurteilenden mathematischen Kompetenzen abbilde. Grundsätzlich vermag jede Form von Beurteilung nur Performanzen zu messen, also das, was ein Kind im Hier und Jetzt gerade zeigt; mathematische Kompetenzen können auf der Basis jeglicher Testleistungen nur vermutet werden. Es kann sein, dass die Kompetenzen ei-

---

9 Bei einer informellen Befragung von 52 Lehramtstudierenden 2007 gab die Mehrheit an, dass die Lehrpersonen aus ihrem letzten Praktikum nach dem beschriebenen „preußischen" Konzept beurteilen und damit zumindest partiell unzufrieden sind.

nes Kindes nicht sichtbar werden, weil es z.B. die Aufgabenstellung nicht versteht, Flüchtigkeitsfehler begeht, Informationen überliest, nicht motiviert, selbstgenügsam, müde oder von einem Streit belastet ist. Jenseits dieser grundsätzlichen diagnostischen Schwierigkeiten hat HESS (2003) in einer Sekundäranalyse festgestellt, dass sich von 450 Erstklasskindern, welche in einem Test Additionen und Subtraktionen im Zahlenraum bis 20 lösten, die schwächsten und die stärksten 10% der Testleistungen nur unbefriedigend in zwei Kompetenzniveaus einordnen lassen. Die mathematischen Kompetenzen wurden nachträglich über klinische Interviews erhoben. Rechenstarke Schülerinnen und Schüler wiesen sich aus durch eine Fähigkeit zur flexiblen Mathematisierung, eine operative Argumentationsfähigkeit und das Verfügen über ein solides arithmetisches Netzwerk. Letzteres äußerte sich in einem aktiven Nutzen von Rechenvorteilen und operativen Ableitungen. Mit anderen Worten: Im schriftlichen Test, der lediglich die Richtigkeit der Resultate prüfte, konnten die vorliegenden Kompetenzunterschiede nicht nachgewiesen werden.
5. Auch das Beurteilen der Arbeit an offeneren, substanziellen Aufgaben unterliegt der zuletzt genannten Unsicherheit: Inwiefern lässt sich von schriftlich und/oder mündlich kommunizierten Lösungswegen und Strategien (Performanzen) auf mathematische Kompetenzen schließen? Inwiefern begünstigen, verhindern oder verfälschen die situativen Bedingungen des Kindes oder der Lernsituation in der Klasse das Lernverhalten und/oder das Leistungsvermögen?

Eine Reaktion auf solche Unsicherheiten könnte darin bestehen, dass sich Lehrpersonen für thematische Isolierungen, einen kleinschrittigen Unterricht und traditionelle Tests mit der Beurteilung richtiger Resultate entscheiden. Mit einem solchen didaktischen oder diagnostischen Kurzschluss wären wir wieder am Ausgangspunkt unserer Aufzählung angelangt. Die aktuelle Forschung hat wiederkehrend gezeigt, dass dies kein fruchtbarer Weg sein kann (SCHERER 1995; MOSER-OPITZ 2001; HESS 2003, 2004a, b).
Wir möchten mit diesem unvollständigen Problemaufriss niemanden kritisieren, der sich traditioneller Methoden oder Beurteilungsformen bedient. Vielmehr ist es Aufgabe der Mathematikdidaktik, in den kommenden Jahren innovative diagnostische Instrumente zu entwickeln, welche kriterienorientierte, kompetenz- oder standardbezogene Hinweise für weitere Förderplanungen liefern. Solche diagnostischen Instrumente müssen vor dem Hintergrund aktiv-entdeckenden Lernens entwickelt werden. Ihre Annahme in der Praxis wird weitgehend von der Einfachheit und der ökonomischen Handhabung abhängen.

Welche Aufgabenstellungen unseren Ansprüchen an eine integrative didaktische und diagnostische Konzeption gerecht werden und inwiefern die in solchen Lernumgebungen entstandenen Arbeiten als Produkte eines kompetenzorientierten Unterrichts förderorientiert beurteilt werden können, wird in der Folge anhand vier konkreter Beispiele mit substanziellen Aufgabenstellungen in den Grundschulklassen 1 bis 4 gezeigt.[10] Zum Abschluss reflektieren wir in einer Rückschau die Ansprüche an mathematische Lernumgebungen sowie deren diagnostischen Einsatz.

2.2 Beispiele

Die folgenden Beispiele für Lernumgebungen für die erste bis vierte Grundschulklasse wurden an der Schule Rupperswil (Kanton Aargau/ Schweiz) erprobt und ausgewertet. Bei der Einführung klärte die Lehrperson mit den Kindern zuerst die Arbeitsaufträge und teilte ihnen die Mindestanforderungen mit. Das geschah sorgfältig, da die erwünschten Lern- und Denkprozesse ein gesichertes Aufgabenverständnis voraussetzen. Nach einiger Zeit wurden z. B. mit einer fortgeschrittenen Kindergruppe, welche die Mindestanforderungen offensichtlich erfüllte, mögliche anspruchsvollere Arbeitsergebnisse diskutiert (erweiterte Anforderungen).

Nach der Arbeit an einer Lernumgebung beurteilt die Lehrperson für jedes Kind individuell, ob die Mindestanforderungen oder zusätzlich sogar die erweiterten Anforderungen erfüllt wurden. Kinder, welche die Mindestanforderungen nicht auf Anhieb schaffen, dürfen ihren ersten Lösungsansatz überdenken und mündlich und/oder schriftlich optimieren, um vielleicht in einem zweiten Anlauf die Mindestanforderungen zu erfüllen. Diese Kinder erhalten eine inhaltliche Rückmeldung, also Hinweise, was sie in einem zweiten Anlauf ändern oder ausprobieren könnten.

So entstehen im Verlauf eines Semesters je Kind mehrere Beobachtungen, die mit den Prädikaten „Mindestanforderungen nicht erfüllt" (ungenügend), „Mindestanforderungen erfüllt" (genügend bis gut) oder „erweiterte Anforderungen erfüllt" (gut bis sehr gut) beurteilt werden. Die kriterien- oder förderorientierten Beurteilungen werden zu Semesterende in eine traditionelle Notenskala übersetzt. Wir empfehlen, die Energien statt für eine buchhalterisch ausgeklügelte Berechnung von Notendurchschnitten für die Entwicklung klarer Kriterien einzusetzen!

---

10 Weitere Beispiele aus dem Projekt „Mathematik ganzheitlich und förderorientiert beurteilen" der Pädagogischen Hochschule für die Nordwestschweiz finden sich auf der Internetseite http://www.zahlenbu.ch.

Beispiele 45

Auf einen Blick: Anzahlen gliedern (Klasse 1)

Worum geht es?
Bei dieser ersten Lernumgebung bringen die Kinder Zahlen mithilfe von Plättchen in eine visuelle Struktur. Die Anordnung oder Gruppierung soll ein möglichst rasches Erfassen der Anzahlen unterstützen.

Thema	**Anzahlen gliedern und strukturiert erfassen**
Klasse:	Klasse 1
Material:	Wendeplättchen (oder Knöpfe, Muscheln, Murmeln etc.), Spielplan (A3-Blatt mit Feldereinteilung für die verschiedenen Darstellungen) und Stifte in verschiedenen Farben
Zeitbedarf:	20 Minuten; die Aufgabe sollte wiederkehrend angeboten werden.
Idee:	Aus jeder der ersten vier Linien (mit fett gedruckten Anzahlen) muss mindestens eine Anzahl strukturiert werden (handelnd und visuell). Die folgenden Anzahlen können an der Wandtafel angeschrieben werden:

			4,	**5**
6,	**7,**	**8,**	**9,**	**10**
11,	**12,**	**13,**	**14,**	**15**
16,	**17,**	**18,**	**19,**	**20**
	22,		24,	25
26,				
	32,			35
41.				50

Aufträge
1. Wähle Zahlen aus und nimm ebenso viele Plättchen. Aus den ersten vier Linien musst du mindestens je eine Zahl wählen.
2. Ordne die Plättchen so an, dass du die Anzahl möglichst schnell erkennst. (Vielleicht ist es hilfreich, wenn du kleinere Gruppen bildest, die du leicht erkennst.) Zeichne deine mit Plättchen gelegten Anordnungen in die Felder auf dem Spielplan.
3. Kannst du zu einer Zahl auch verschiedene Anordnungen legen?
4. Stelle auch Zahlen über 20 dar.
5. Prüfe deine verschiedenen Darstellungen durch Blitzen mit dem Blitzblickgerät (s. u.).

Damit soll eine Ablösung von zählenden Strategien in Richtung eines mentalen Operierens (vgl. KRAUTHAUSEN 1995) vorbereitet werden. Da die Kinder das induktive „Füllen" der Strukturen durch Legen oder Zeichnen von Einzelelementen zählend aufbauen, muss ihnen Gelegenheit gegeben werden, die Tauglichkeit der Anordnungen deduktiv zu prüfen (vgl. Auftrag 5).

Begründung der Lernumgebung

Bereits vor Schuleintritt vermögen die meisten Kindergartenkinder Additionen im ersten Zehner mit einer der drei folgenden Zählstrategien[11] zu lösen:

- „Alles Zählen" (einfachste Strategie): 5 + 3 wird gezählt als 1, 2, 3, 4, 5 plus 1, 2, 3 gibt 1, 2, 3, 4, 5, 6, 7, 8.
- „Weiterzählen vom ersten Summanden aus": Die Kinder zählen nur noch 6, 7, 8.
- „Weiterzählen vom größeren Summanden" aus (anspruchsvollste Strategie): Selbst wenn der größere Summand in einer Addition an zweiter Stelle steht, wird von ihm aus weitergezählt. Die Kinder wenden also das Kommutativgesetz (2 + 9 = 9 + 2) an, damit sie auch mit einer Zählstrategie ökonomisch zu einem Resultat gelangen.

Im Verlauf der ersten Klasse gilt es, diese drei Kompetenzstufen innerhalb der Zählstrategien, die eben kaum schriftlich prüfbar sind, durch ökonomischere abzulösen. In der genannten Untersuchung (s. Anmerkung 11) zeigten einige Kindergartenkinder bereits einen statischen Fingergebrauch, sie zählten die Finger also nicht mehr einzeln oder dynamisch (LORENZ 1992, 174), sondern nutzten lediglich die statischen Fingerbilder zur Anschauung. Bereits dieser statische Fingergebrauch setzt eine mentale Gliederungsfähigkeit voraus, welche in der Lernumgebung „Auf einen Blick: Anzahlen gliedern" angeregt wird. Wenn ein Kind z. B. „auf einen Blick" die Anzahl 8 mit den Fingern zeigt, muss es vorher mental 8 in 5 + 3 gliedern. Ebenso wird eine mentale Gliederungsfähigkeit vorausgesetzt, etwa wenn die Kinder die „Kraft der Fünf" nutzen, indem sie 7 + 8 als 5 + 5 + 2 + 3 rechnen. Und schließlich setzt auch ein „traditioneller Zehnerübergang" im Sinne von 7 + 8 = 7 + 3 + 5 die mentale Gliederungsfähigkeit voraus, wenn wir denkend operieren. Diese mentale Gliederungsfähigkeit ist also entscheidend für den Aufbau eines denkenden Rechnens oder eines beweglichen und ökonomischen Operierens.

---

11 Die empirischen Aussagen zu den Zählstrategien sind von einer Längsschnittuntersuchung, die Studierende der Pädagogischen Hochschule Zentralschweiz in Zug in den Jahren 2007 und 2008 durchführten, abgeleitet. Die Strategien wurden mittels klinischer Interviews am Ende des Kindergartens, zu Mitte und Ende der ersten Klasse sowie zu Beginn der zweiten Klasse erhoben. Einige Kinder zeigten am Ende der ersten Klasse bzw. zu Beginn der zweiten Klasse immer noch dieselbe(n) Zählstrategie(n) wie am Ende des Kindergartens. Und zwischen den Klassen bestanden große Differenzen hinsichtlich der Veränderung oder Weiterentwicklung der Strategien und des Strategiebewusstseins.

Kognitionspsychologische Einordnung der Lernumgebung

1. Damit sich die Kinder von Zählstrategien lösen, ist es notwendig, dass sie sich an größeren Einheiten orientieren oder Mengen durch „additives Komponieren" von Teilmengen größer als 1 bilden.
2. Beim Aufbau einer beweglichen mentalen Mengengliederung orientieren sich die Kinder an simultan erfassbaren Einheiten sowie an der Fünfer- und Zehnerstruktur. Sogenanntes Blitzen (*subitizing*, schnelles Erfassen kleiner Mengen; s. u.) eignet sich dafür ausgezeichnet: Den Kindern werden während einer sehr kurzen Darbietungszeit strukturierte Punktemuster vorgegeben, deren Teilmengen sie mental in eine additive Komposition bringen. Da die Kinder die Mengen nur kurz sehen, können sie sie nicht zählen. Sie müssen sich an ökonomischeren Strategien orientieren, indem sie in simultan erfassbare Einheiten und in die Fünfer- oder Zehnerstruktur gliedern.
3. Für den Aufbau dieser mentalen Gliederungsfähigkeit ist es notwendig, dass den Kindern nicht nur strukturierte Darstellungen *vorgegeben* werden wie z. B. mit der CD „Blitzrechnen" (KRAUTHAUSEN 1997), sondern dass sie selbst um Strukturierungen ringen, indem sie durch verschiedene Farben, Abstände, Formen etc. Mengen gliedern.
4. In diesem Zusammenhang stellt sich die Frage, welches die größten simultan erfassbaren Einheiten sind. Die zahlreichen empirischen Befunde lassen den Schluss zu, dass die Grenze bei drei oder vier Elementen liegt (vgl. DEHAENE 1999; HESS 2003; SCHMASSMANN 2008). Die Orientierung an einer visuellen Fünferstruktur setzt also voraus, dass diese gegliedert werden kann in 3 + 2 oder 4 + 1. Viele Kinder nutzen die Fünfergliederung im Zwanzigerfeld nicht, weil sie die linear angeordneten Punkte nicht gliedern, sondern nur zählend prüfen können.
5. LORENZ (1992) hat darauf hingewiesen, dass die mentale Gliederung oder Komposition von Mengen erst erfolgen kann, wenn die Beziehungen zwischen Teilmengen vorher handelnd erzeugt wurden. Die Orientierung an einer Fünferstruktur setzt also ausreichend Handlungs- und Wahrnehmungserfahrungen mit der Gliederung des Fünfers voraus.
6. Viele Kinder wählen die naheliegenden geometrischen Anordnungen von Würfelbildern, um Mengen übersichtlich darzustellen. LORENZ (1993) hat nachdrücklich darauf hingewiesen, dass bei den Würfelbildern nicht primär Anzahlen erfasst, sondern die eindeutigen und einfach voneinander unterscheidbaren geometrischen Anordnungen wiedererkannt werden. Wenn Kinder also die prägnanten Fünferwürfelbilder zur Gliederung einer Menge wählen, so können wir davon ausgehen, dass diese für sie hilfreiche Orientierungen sind. Analog gilt dies auch bei der Fünfer- und Zehnergliederung in linearen Anordnungen.

7. Erst die bloß visuelle Erzeugung von strukturierten Mengen sagt etwas darüber aus, an welchen subjektiv bedeutungsvollen Einheiten sich die Kinder orientieren, um Mengen übersichtlich zu gliedern. Ob deren mentale additive Zusammenführung zählend erfolgt oder die Teilmengen in einem elaborierten „Teil-Ganzen-Schema" (STERN, 1998) zusammengefasst werden, lässt sich damit (noch) nicht schlüssig beantworten.

Beurteilungskriterien

Mit der Lernumgebung „Auf einen Blick: Anzahlen gliedern" gehen wir ganz in konstruktivistischem Sinne davon aus, dass die Verbesserung der mentalen Organisation oder der Übersicht über einen Sachverhalt einem natürlichen Bedürfnis entspricht.

Auf dem Weg zu einem beweglichen Operieren sind folgende Kriterien von diagnostischer Relevanz:

Beurteilung für die Lernumgebung „Auf einen Blick: Anzahlen gliedern"

Name:		Datum:	
Kriterien		**erfüllt?**	**Bemerkungen**
		Nein / Ja	
A	Zeigt Gliederung des Fünfers durch Gruppierungen in 2 + 3 oder 1 + 4. Zeigt deutliche Gliederung der Anzahlen von 6 bis 10 durch sinnvolle Gruppierungen von zwei, drei und/oder vier Elementen (z. B. Verdoppelungen).		Für die Erfüllung der Mindestanforderungen werden die Leistungen unter A und B erwartet.
B	Zeigt Gliederung der Anzahlen von 1 bis 10 durch die Kraft der Fünf. Zeigt bei Anzahlen von 10 bis 20 Gliederung durch Zehner- *und* Fünferstrukturierung.		
+C	Zeigt neben B1 und B2 auch andere Strukturierungsmöglichkeiten.		Für die Erfüllung der erweiterten Anforderungen werden mindestens die Leistungen in +C oder +D erwartet.
+D	Zeigt bei Anzahlen ≥20 neben der Fünfer- und Zehnerstrukturierung auch andere Strukturierungsmöglichkeiten.		
Gesamtbeurteilung		nicht erfüllt/Mindestanforderungen/ erweiterte Anforderungen	

Bemerkungen zu den diagnostischen Kriterien:
A. Mit der Darstellung des Fünfers als Würfelbild ist die Gliederungsfähigkeit (noch) nicht nachgewiesen, auch wenn man sie ohne weiteres in die Darstellung hineininterpretieren könnte. Es ist auch möglich, dass ein Kind die Fünfergliederung nicht (mehr) visuell darstellt, weil sie mental verfügbar ist. Grundsätzlich geht es bei A darum, dass sich die Darstellungen in ihrer Strukturiertheit deutlich unterscheiden von einer bloßen Ansammlung ungeordneter Einzelelemente.
B. Die Gliederung mit der Kraft der Fünf heißt: $6 = 5 + 1$, $7 = 5 + 2$, $8 = 5 + 3$ etc. Etwas übersichtlicher ist die Gliederung der Anzahlen 10 bis 20, wenn sie nicht nur über die Kraft der Fünf, sondern über die Fünfer- *und* Zehnerstruktur vorgenommen wird.
+C. Ein Kind zeigt (versteht) neben den in B enthaltenen auch andere Gliederungsmöglichkeiten, z.B. wird 18 als 3 mal 6 dargestellt.
+D. Es zeigt bei Anzahlen ≥ 20 zusätzliche Gliederungsmöglichkeiten.

Beide erweiterten Anforderungen bedürfen einer expliziten Instruktion: „Zeichne alle möglichen ..." oder „Zeichne weitere ..."

Die alleinige Beurteilung schriftlicher Dokumente ist auf dieser Stufe zu vage, um verlässlich die tatsächlichen Kompetenzen beurteilen zu können. Häufig ist es notwendig, dass mit den Kindern einzeln über die Darstellungen gesprochen wird. Insbesondere die Gliederung des Fünfers (A) und die Erfüllung der erweiterten Anforderungen (+C/+D) bedürfen einer expliziten Aufforderung zur Erklärung.

Schülerbeispiele
Elvira
Erfüllung von A: Elvira gliedert den Fünfer, allerdings ist nicht eindeutig zu erkennen, mit welcher Absicht (4 + 1 oder 3 + 2). Alle Anzahlen sind sinnvoll gegliedert, die 6 als Verdoppelung von 3, die 12 in 4 Dreier und die 9 als 3 Dreier. Eine Ausnahme ist die Darstellung der 13 als 3 Vierer und 1 Zweier. Hier müsste mündlich abgeklärt werden, warum dieser (Zähl-)Fehler entstanden ist.
Erfüllung von B: Bei der Darstellung von 11 ist eine Fünferorientierung zu erkennen. Inwiefern die beiden Fünfer gedanklich zu 10 gebündelt werden, müsste im Gespräch ermittelt werden.

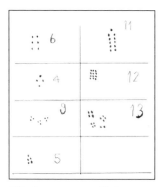

Gliederungen von Elvira.

Max

Erfüllung von A: Es ist unsicher, ob Max über die Gliederungsmöglichkeit des Fünfers verfügt, weil er die Würfelbildanordnung wählt. Zwei Anzahlen zwischen 6 und 10 sind sinnvoll gegliedert, also 6 als Verdoppelung des Dreiers und 8 als Verdoppelung des Vierers. Einzig die 7 als Komposition von 4 und 2 ist falsch.

Erfüllung von B: Eine Orientierung an der Fünferstruktur bei Anzahlen zwischen 6 und 10 ist bei 9 als 5 + 4 und bei 10 als Verdoppelung des Fünfers auszumachen. Dass er 6 und 8 in der Struktur einer Verdoppelung darstellt, heißt noch nicht, dass Max sich nicht an der Kraft der Fünf orientieren kann. Dies müsste ein Gespräch erhellen.

Gliederungen von Max.

Mit den Darstellungen von 18 und 19 zeigt Max, dass er sich nicht an der Zehner- *und* Fünferstruktur orientiert. 18 stellt er als Verdoppelung eines unstrukturierten Achters mit einem alleinstehenden Zweier dar. Einzig die 20 setzt er aus 4 Fünferwürfelbildern zusammen.

Gesamtbeurteilung: Max zeigt bei Anzahlen zwischen 6 und 10 mehrheitlich sinnvolle Gliederungen und eine Fünferorientierung. Mit der gezeigten Arbeit erfüllt er aber die Mindestanforderungen nicht, weil er bei Anzahlen zwischen 10 und 20 keine Fünfer- *und* Zehnerstrukturierung vornimmt.

Förderhinweise
1. Selbst Strukturen erzeugen und durch Blitzen prüfen

Die Förderung der mentalen Mengengliederungen oder der Orientierung an Fünfer- und Zehnerstrukturen geht davon aus, dass die Kinder zunächst die *Strukturen selbst erzeugen* und anschließend prüfen. Die Prüfung der Übersichtlichkeit kann z. B. mit einem sogenannten Blitzblickgerät, einem aus Kartonboden und Schiebedeckeln bestehenden Kästchen, erfolgen:

Dabei werden die Kinderzeichnungen gestapelt und ins Gerät geschoben. Durch Hin- und Herschieben des Deckels können sie die Darstellungen blitzen und so ihre Qualität prüfen. Beim Blitzen setzen sich die Kinder auch mit den Gliederungen anderer auseinander und entwickeln ein Strategiebewusstsein im mündlichen Austausch über verschiedene Gliederungen.

Beispiele 51

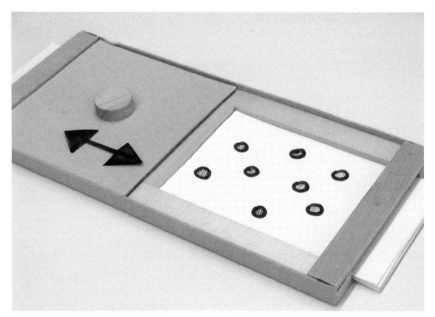

Prüfung der Darstellungen durch Blitzen mit dem Blitzblickgerät.

2. Strukturierte Mengen miteinander vergleichen

Am Blitzblickgerät lassen sich auch von zwei Seiten Karten einschieben und zwei Darstellungen miteinander vergleichen. Ich darf aber nur einen der beiden Deckel anheben und mir das darunterliegende Bild merken. Die zweite Darstellung kann ich betrachten, indem ich den einen Deckel schließe und den andern anhebe. Ich sehe also nur jeweils eine Darstellung und muss diese mit einer zweiten, mental verfügbaren „Referenzmenge" vergleichen.

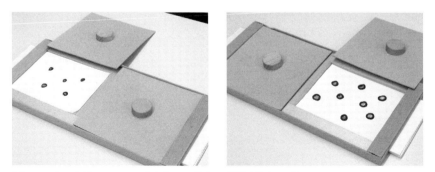

Mengendarstellungen vergleichen mit dem Blitzblickgerät.

3. Konventionelles Blitzen mit Zuordnung von Zahlsymbolen
Es werden von der Lehrperson vorgegebene Mengendarstellungen geblitzt und mit Zahlnamen mündlich oder schriftlich bezeichnet. Solche Zuordnungen lassen sich auch über Spielformen wie z.B. Memory üben.

4. Erkennen von gleichen Teilmengen in strukturierten Mengendarstellungen
Diskriminierungsübungen können durch verschiedene Ablegespiele, Quartettformen etc. angegangen werden. Zum Beispiel dürfen Karten mit gleichen, aber verschieden dargestellten Anzahlen nacheinander abgelegt werden.

5. Additives Komponieren mit vorgegebenen Teilmengen
Die Kinder dürfen aus verschiedenen Ziffernkarten (1er, 2er, 3er, 5er, 10er, 20er, 30er und 50er) Anzahlen von 1 bis 100 zusammensetzen. Bedingung ist, dass sie möglichst wenige Karten gebrauchen. Das Streben nach zunehmend besserer Übersicht erfolgt mit dieser Anweisung automatisch über die Fünfer- und Zehnerstruktur. Es sind auch Übungen denkbar, bei welchen jedes Kind zu Beginn nur 1er und 10er bekommt, auf der „Bank" aber tauschen darf gegen größere.

6. Verdoppeln mit dem Spiegel
Die Anregung sinnvoller Gliederungen kann gerade in Zusammenhang mit den Verdoppelungen über Übungen mit dem Spiegel erfolgen.

7. Kopfgeometrie
Mit den visuellen Strukturen sind wir nahe an geometrischen Aufgabenstellungen. Gerade im Zusammenhang mit visuellem Operieren oder mentaler Vorstellungsbildung hat SENFTLEBEN (1996) mit der *Kopfgeometrie* einen Ansatz skizziert, bei welchem den Kindern geometrische Anordnungen visuell vorgegeben werden. Die Veränderung von Lagebeziehungen erfolgt anschließend rein mental.

Multiplikatives Netzwerk aufbauen (Klasse 2/3)

Worum geht es?
Wenn Kinder im Unterricht ausschließlich isoliert nebeneinanderstehende Reihen bearbeiten, vergessen sie einzelne Produkte immer wieder, auch wenn im Unterricht viel Zeit auf das Auswendiglernen verwendet wird. Diesem Phänomen will die zweite Lernumgebung begegnen. Die Kinder sollen Sicherheit erlangen, indem sie das kleine Einmaleins als ein arithmetisches Netzwerk aufbauen und solche Resultate, die sie nicht (mehr) kennen, aus sicheren oder gut bekannten Aufgaben ableiten.

Die Lernumgebung „Multiplikatives Netzwerk aufbauen" kann problemlos auf das Einspluseins in der ersten Klasse übertragen werden. Auch dieses besteht aus Kernaufgaben und soll durch Ableitungen oder durch Nutzen von Verwandtschaften zu einem arithmetischen Netzwerk verdichtet werden.

Thema Multiplikatives Netzwerk aufbauen
Klasse: Klasse 2
Material: Papier, Schreibzeug
Zeitbedarf: über längere Zeit immer wieder aufgreifen

Aufträge
1. 54 hat viele Verwandte. Stelle möglichst viele dieser Verwandten auf einem Poster dar.
2. Wähle eigene Rechnungen aus dem Einmaleins und suche dazu Verwandte.
3. Erkläre, wie du Verwandte zum Bestimmen von Produkten nutzt.

Ein auf das Denken der Kinder abgestimmtes Konzept des kleinen Einmaleins muss von den sogenannten Kern-, Schlüssel- oder Königsaufgaben ausgehen und den Kindern vielfältige Gelegenheiten bieten, das beziehungsreiche Netz mit ihren eigenen Strategien zu erschließen.

Begründung der Lernumgebung
Die Suche nach „Verwandten" fördert die operative Beweglichkeit, macht Ableitungsmöglichkeiten sicht- und formulierbar und trägt damit zu einem multiplikativen Strategiebewusstsein bei. Schließlich ist das Erkennen von Beziehungen zwischen den Malaufgaben eine wichtige Grundlage für das Lösen von Multiplikationen in erweiterten Zahlenräumen.

Beurteilungskriterien

Nicht jedes Kind sieht zu jeder Aufgabe dieselben Verwandten. Folgende Verwandtschaftsbeziehungen oder Strategien nutzen die Kinder zur Lösung von Malaufgaben *vor* der Behandlung im Unterricht (vgl. TER HEEGE 1985, 375–388):

Nutzung multiplikativer Beziehungen vor der unterrichtlichen Behandlung			
1 Vertauschen	6 x 7	7 x 6	
2 Verdoppeln	2 x 7	4 x 7	
3 Halbieren (seltener)	10 x 7	5 x 7	
4 Eins weiter *(one more strategy)*	2 x 7 5 x 7	3 x 7 6 x 7	= 14 + 7 = 35 + 7
5 Eins weniger *(one less strategy)*	10 x 7	9 x 7	= 70 − 7
6 Mal 10 rechnen	1 x 7	10 x 7	

Es ist recht häufig zu beobachten, dass Kinder von einer bekannten Multiplikation ausgehen und dann die Strategie „Eins weiter" in eine Addition übersetzen (s. o.). Nicht selten wird diese dann zählend abgearbeitet. Hier sprechen wir von einer Mischstrategie, bei der das Zählen nur für eine letzte Etappe eingesetzt wird. Es ist wichtig, dass die Kinder offen über solche Mischstrategien sprechen dürfen. Ganz im Sinne der Kompetenzorientierung sollte in einem solchen Fall der Einsatz von multiplikativen Strategien betont, anerkannt und wertgeschätzt werden anstelle des Verbietens zählender Verfahren. Je beweglicher die mentale Gliederungsfähigkeit oder je differenzierter und tragfähiger das multiplikative Netzwerk ist, desto weniger behelfen die Kinder sich mit solchen Zählverfahren.

Es ist für die Kinder nicht wichtig, welches abstrakte Rechengesetz hinter einer einzelnen Verwandtschaft steht. Entscheidend ist, dass sie die Verwandtschaften beschreiben können.

Beispiele

Beurteilungskriterien für die Lernumgebung „Multiplikatives Netzwerk aufbauen"			
Name:	Datum:		
Kriterien	**erfüllt?**		**Bemerkungen**
	Nein	Ja	
A Zeichnet ein Netzwerk zu einer Multiplikation (Produkt >20) mit mindestens fünf Verwandten. Stellt so verschiedene Beziehungen dar (s. o.).			Für die Erfüllung der Mindestanforderungen werden die Leistungen unter A und B erwartet.
B Nutzt die dargestellten Verwandtschaftsbeziehungen zum Berechnen von Produkten (= Ableitstrategie). Formuliert Verwandtschaftsbeziehungen (mündlich oder schriftlich).			
+C Zeichnet zu einem Produkt >20 mindestens zehn Verwandte.			Für die Erfüllung der erweiterten Anforderungen werden mindestens die Leistungen in +C oder +D erwartet.
+D Führt mehrere der (zu +C) dargestellten Verwandtschaftsbeziehungen aus und nutzt sie zum Berechnen von Produkten.			
Gesamtbeurteilung	nicht erfüllt/Mindestanforderungen/ erweiterte Anforderungen		

Bemerkungen zu den Beurteilungskriterien

- Es sind Hilfestellungen möglich, wenn ein Kind A nicht erreicht, z. B.: „Stefan zeichnet ein bescheidenes multiplikatives Netzwerk im Sinne der Strategien ‚Eins mehr' und ‚Eins weniger' (ein bis zwei Nachbaraufgaben)." Die Förderorientierung betont also die Bescheinigung und Anerkennung des Erreichten.
- Grundsätzlich sind inhaltliche Beurteilungskriterien zu bevorzugen gegenüber formalen wie z. B. der Anzahl Aufgaben. In den Beurteilungskategorien A und +C haben wir dennoch die Anzahl als Kriterium gesetzt, denn die geforderten fünf Aufgaben in A intendieren, dass ein Kind neben den beiden Nachbaraufgaben drei weitere Beziehungen darstellt, also z. B. die Vertauschaufgabe, eine Verdoppelung und eine weitere. Durch die Setzung der Anzahl lassen wir offen, welche Beziehungen zur Darstellung gelangen.

- Mit B fordern wir zweierlei: die korrekte Nutzung der Beziehungen und die sprachliche Formulierung. In dieser Lernumgebung soll ja die Kompetenz erweitert werden, durch Ableitungsstrategien ökonomisch zu Lösungen zu gelangen. Die Kinder müssen nicht nur wissen, wie sie operative Beziehungen nutzen können, sie müssen es auch tatsächlich tun. Das dafür notwendige Strategiebewusstsein kann über die sprachliche Reflexion aufgebaut werden.

Schülerbeispiele
Gianluca

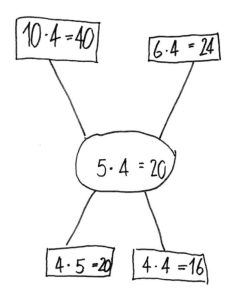

Verwandtschaftliche Beziehungen von Gianluca.

Erfüllung von A: Der Junge zeigt mit 4 x 4 und 6 x 4 die beiden einfachen Strategien „Eins mehr" und „Eins weniger". Mit der Verdoppelung (10 x 4) und der Anwendung des Kommutativgesetzes (4 x 5) zeigt er, dass er bereits über ein beachtliches Netzwerk verfügt. Allerdings hat er lediglich vier verwandte Aufgaben gefunden.

Erfüllung von B: Es ist im Einzelgespräch zu klären, ob Gianluca die Beziehungen tatsächlich nutzt, um die verwandten Aufgaben auszurechnen. Leider liegen bei den gewählten Schülerbeispielen keine sprachlichen Kommentierungen vor. Zur Anschauung nehmen wir daher das Beispiel von Jan hinzu, der deutlich zeigt, dass er die multiplikative Ableitung sprachlich ausdrücken kann:

> Lieber Jan
>
> Bitte erkläre mir die Rechnung 7·8
>
> Ich weiss ja was 8·8 gibt. Dann weiss ich auch was 7·8 gibt. Dann muss ich ja nur 8 wegnemen von 64
>
> Das gibt 56

Kommentar von Jan.

Gesamtbeurteilung: Gianluca erfüllt mit seiner schriftlichen Arbeit die Mindestanforderungen nur knapp, ungeachtet, ob B erfüllt ist oder nicht. Eine gesicherte Diagnose ist erst nach einem klärenden Gespräch möglich.

Miranda

Verwandtschaftliche Beziehungen von Miranda.

Erfüllung von A: Miranda notierte in einem ersten Versuch lediglich die beiden Nachbaraufgaben. Durch den Austausch mit anderen Kindern erkannte sie, dass die Aufgabe 10 x 5 weitere Verwandte hat. Daraufhin hat sie neben den beiden bereits dargestellten zwei weitere aufgezeichnet.

In diesem Beispiel wird sichtbar, dass sich die Beurteilung schriftlicher Arbeiten lediglich auf Performanzen beziehen kann. Im ersten Anlauf hätte das Mädchen A deutlich nicht erreicht. Nach einer mündlichen Aufforderung findet sie jedoch weitere Beziehungen. In die *förderorientierte* Beurteilung fließt also alles ein, was ein Kind zeigt, ggf. erst nach alternativen Impulsen in einem Einzelgespräch. Leider erfüllt Miranda die Mindestanforderungen dennoch nicht, da sie nur vier Aufgaben findet. Wie im Beispiel von Gianluca können wir die beiden Kriterien unter B mangels sprachlicher Kommentierung nicht prüfen.

Flavia

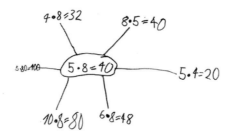

Verwandtschaftliche Beziehungen von Flavia.

Erfüllung von A: Flavia hat die beiden Nachbaraufgaben (4 x 8 und 6 x 8), die kommutative Aufgabe, die Verdoppelungs- (10 x 8) und die Halbierungsaufgabe (5 x 4) sowie eine Aufgabe mit dem Faktor 10 (5 x 80) als Verwandte gesehen. Sie erfüllt also die Mindestanforderungen (wiederum ohne Einbezug von B) gut.

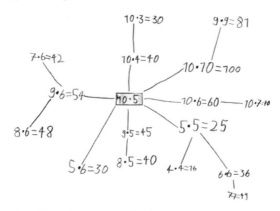

Verwandtschaftliche Beziehungen von Flurina.

Erfüllung von +C: Flurina erzeugt vielfältige Beziehungen. Sie notiert nicht nur die Verwandten der vorgegebenen Rechnung, sondern spinnt das Netzwerk selbstständig weiter. Sie ist bereits in der Lage, die verwandten Aufgaben als neue Knotenpunkte im multiplikativen Netzwerk zu sehen und von dort aus weitere Aufgaben zu erschließen. +D lässt sich aufgrund des Dokuments nicht beurteilen. Man könnte Flurina aber auffordern, einige Beziehungen auf dem Dokument zu versprachlichen oder mit ihr ein klärendes Gespräch führen.

Förderhinweise
1. Potenzial des sozialen Austauschs in der Klasse nutzen
Der wohl wirkungsvollste Förderansatz liegt im Austausch unter den Kindern. Nachdem jedes Kind Verwandtschaftsbeziehungen dargestellt hat, stellen die Kinder sich gegenseitig ihre Netzwerke vor. Dadurch erschließen sie sich bisher verborgene Verwandtschaften. Durch gegenseitiges Hinweisen, Vergleichen und Erklären übersetzen sie die mathematischen Beziehungen in ihre Sprache und gelangen so zu einem vertieften Verständnis und zu einem größeren mathematischen Strategiebewusstsein.

2. Explizite Aufforderung zur schriftsprachlichen Erklärung
Um gegenseitig Einsicht in Ableitstrategien zu erhalten, beschreiben die Kinder in einem schriftlichen Dialog, wie sie vorgegebene Produkte ableiten. Die Beschreibungen geben der Lehrperson diagnostische Aufschlüsse, können aber auch dem Austausch unter den Kindern dienen, indem sie ihre Zugänge gegenseitig lesen und ggf. kommentieren. Als Variante wäre auch denkbar, dass die Kinder schwierige Produkte auf Zetteln notieren, mit Namen versehen und an der Wandtafel anheften. Die Frage an die Klasse würde lauten: „Wer kann einem Kind bekannte Verwandte zeigen?" Wiederum lernen die Kinder voneinander, neue operative Beziehungen zu nutzen und dadurch zu einem erweiterten und vertieften mathematischen Strategiebewusstsein und -sicherheit zu gelangen. In unserem Beispiel wurde jedes Kind gebeten, aus einem bekannten Produkt ein neues herzuleiten und die Schwierigkeit der Herleitung zu beurteilen (s. Tabelle S. 60).

Xenia löst die Aufgabe 9 x 8 von 10 x 8 aus mit der Strategie „Ein Achter weniger". Salome wählt bei 12 x 8 die Strategie „Zwei Achter weiter". David kennt das Resultat von 5 x 13 nicht auswendig und stuft deshalb die Aufgabe als schwierig ein. Trotzdem kann er das Resultat berechnen. Er teilt die Aufgabe auf in die bekannten Teilaufgaben 5 x 10 und 5 x 3. Carola stuft 4 x 60 als einfach ein. Sie weiß, dass das Vierfache einer Zahl das Doppelte vom Doppelten der Zahl ist und nutzt zusätzlich eine dekadische Analogie (6 + 6 = 12 bzw. 60 + 60 = 120).

Kinder erklären ihre Rechenwege

Kind/ Aufgabe	Rechenweg/Erklärung des Kindes	Ist die Aufgabe schwierig?
Xenia 9 x 8	Wenn ich 10·8 ausrechne weiss ich, Dass es 80 gibt und dan rechne ich minus 8 und dan weis ich dasses 72 gibt.	Nein!
Salome 12 x 8	10·8 = 80 + 8 + 8 = 96	nein
David 5 x 13	Zuerst neme ich 5·10=50 dan tu ich noch 15 dazu das ergipt 65.	Ja
Carola 4 x 60	Ich rechne 6+6= 12 ~~6·60=120~~ und dann 120+120= dann 240	Nein

3. Arbeit mit der Einmaleinstafel

Die Einmaleinstafel (WITTMANN/MÜLLER 1989) bietet weitere Möglichkeiten, Verwandtschaften zwischen verschiedenen Produkten zu entdecken. Auf ihr ist das ganze multiplikative Netzwerk des kleinen Einmaleins dargestellt. Für die Kinder kann es z.B. hilfreich sein, wenn sie „ihre" Verwandtschaften auf der Tafel suchen. Sie stoßen bei dieser Suche automatisch auf Nachbarfelder oder auf Operationen, die sie auf die Idee bringen, weiteren Verwandtschaften nachzugehen. Die Kinder können sich aber auch gegenseitig erklären, wie sie Multiplikationen auf hellgelben Feldern auf der Einmaleinstafel aus andersfarbigen ableiten etc.

4. Handelnd multiplikative Beziehungen erfahren und auf eine bildliche (grafische) und/oder sprachliche Ebene übersetzen

Gerade rechenschwachen Kindern fällt es oft schwer, Strukturen zu entdecken und formal darzustellen. Sie sollten ausreichend Gelegenheit erhalten, multiplikative Beziehungen handelnd zu erfahren. Übersichtlich *strukturierte* Verpackungsmaterialien von Lebensmitteln (Eierkartons,

Pralinéschachteln etc.) eignen sich dazu ausgezeichnet. Wir betonen in diesem Zusammenhang, dass bloßes Sammeln von Handlungserfahrungen noch keinen hinreichenden Förderwert hat. Die Kinder sollen angehalten werden, ihre Handlungen mündlich zu kommentieren, zu verschriftlichen oder zeichnerisch darzustellen.

5. Bewusste Fokussierung spezifischer Verwandtschaften
Gerade im Umgang mit rechenschwächeren Kindern ist es manchmal angezeigt, offenere Aufgabenstellungen einzugrenzen und die Kinder spezifischer nach operativen Beziehungen suchen zu lassen. Wenn ein Kind z. B. zu 5 x 4 die verwandte Operation 6 x 4 assoziiert, könnte es angehalten werden, ähnliche Verwandte zu 5 x 5, 5 x 6 etc. zu suchen. In dieser Richtung ließen sich verschiedene soziale Arrangements entwickeln, in welchen bestimmte Kinder spezifische Verwandtschaften untersuchen.

Abkürzungen gesucht (Klasse 3)

Worum geht es?
Die Lernumgebung „Abkürzungen gesucht" ist der zum Abschluss diskutierten Lernumgebung „Produkte finden" für die vierte Klasse ähnlich. Die Kinder operieren mit einstelligen Zahlen und erreichen, ausgehend von der Zahl 1, bestimmte Zielzahlen. Nachfolgend sind vier mögliche Aufgabestellungen für eine dritte Klasse aufgeführt:

Thema   Abkürzungen gesucht
Klasse: Klasse 3
Material: Papier und Schreibzeug
Zeitbedarf: zwei Lektionen

Aufträge
Julia beginnt bei 1 und möchte 62 erreichen. Sie rechnet:
1. Schritt $1 + 5 = 6$
2. Schritt $6 \times 5 = 30$
3. Schritt $30 \times 2 = 60$
4. Schritt $60 + 2 = 62$

Julias Weg braucht vier Rechnungen. Sie darf addieren, subtrahieren, multiplizieren und dividieren. Sie benutzt für die Operationen die Zahlen 1, 2, 3, 4, 5, 6, 7, 8 oder 9.

1. Finde weitere Wege, wie du von 1 zu 62 gelangen kannst.
   - Solche mit vier, fünf oder sechs Schritten.
   - Findest du auch eine Abkürzung mit drei Schritten?
2. Wähle eine Zielzahl. Beginne bei 1 und finde verschiedene Wege mit drei, vier, fünf und sechs Schritten zu dieser Zahl.
3. Suche große Zahlen, die sich mit drei Schritten erreichen lassen. Tausche dein Rätsel mit einem anderen Kind.
4. Suche kleine Zahlen, die sich mit drei Schritten nicht erreichen lassen. Tausche dein Rätsel mit einem anderen Kind.

Begründung der Lernumgebung

Die Kinder üben und wiederholen die Grundoperationen. Die dabei am häufigsten verwendete Strategie besteht darin, Additionen und Multiplikationen so zu verbinden, dass sie in die Nähe der Zielzahl führen. Die Feinabstimmung erfolgt durch weitere Additionen oder Subtraktionen. Dadurch gerät das Stellenwertprinzip sowie das Überschlagen von Größenordnungen in den Vordergrund. Außerdem stellen viele Kinder erste Überlegungen zur Optimierung der Lösungswege an. Auf der Ebene der allgemeinen Ziele lädt die Lernumgebung zum Vergleich der verschiedenen Strategien und Lösungswege und zum Austausch der gefundenen Resultate ein. Es entsteht z. B. die Frage nach der kleinsten Zahl, die sich mit zwei Schritten nicht erreichen lässt: 22. Außerdem lassen sich einfach weitergehende Fragestellungen entwickeln, z. B.: „Erreiche alle Zahlen zwischen 100 und 120 mit vier Schritten."

In der folgenden Abbildung sind alle Zahlen zwischen 101 und 400 markiert, die sich mit drei Schritten erreichen lassen. Es fällt auf, dass bei keiner einzigen dieser Zahlen eine 1 im Einer steht – 441 ist die einzige derartige Zahl größer als 100.

Zahlen zwischen 101 und 400, die sich mit drei operativen Schritten erreichen lassen.

Beurteilungskriterien

Die Schwierigkeit der Lernumgebung oder der Aufgabenstellung hängt wesentlich von den Lösungserwartungen ab, die an die Kinder gestellt werden. Wir entscheiden uns für ein Anforderungsniveau (Kriterien A und B), das wir (fast) allen Kindern zutrauen und das aus unserer Sicht dennoch zu einer substanziellen Auseinandersetzung mit der Lernumgebung herausfordert.

Beurteilungskriterien für die Lernumgebung „Abkürzungen gesucht"

Name: Datum:

Kriterien		erfüllt?		Bemerkungen
		Nein	Ja	
A	Zu einer vorgegebenen Zielzahl (z. B. 74) mindestens drei verschieden lange Wege mit drei, vier, fünf oder sechs Schritten finden.			Für die Erfüllung der Mindestanforderungen werden die Leistungen unter A und B erwartet.
B	Sich selbst eine Aufgabe mit einer eigenen Zielzahl >50 stellen und dazu mindestens drei verschieden lange Wege mit drei, vier, fünf oder sechs Schritten finden.			
+C	Drei große Zahlen >500 finden, die sich mit drei Schritten erreichen lassen (504, 512, 560, 567, 572, 576, 630, 640, 648, 720, 729).			Für die Erfüllung der erweiterten Anforderungen werden mindestens die Leistungen in +C oder +D erwartet.
+D	Drei kleine gerade Zahlen finden <200, die sich mit drei Schritten nicht erreichen lassen (106, 110, 116, 118, 122, 124, 130, 132 ... 194, 198).			
Gesamtbeurteilung		nicht erfüllt/Mindestanforderungen/ erweiterte Anforderungen		

Schülerbeispiele mit Zielzahl 62

Andrin

Bei Andrin zeigt sich die übliche Strategie deutlich. Er schafft es mit zwei Schritten in die Nähe der Zielzahl. Mit zwei einfachen Additionen ergänzt er zuerst auf den Zehner, um dann die Zielzahl zu erreichen.

Die abgebildete Arbeit ist lediglich ein Ausschnitt aus mehreren Zielübungen von Andrin. Aufgrund weiterer Rechnungen erreicht er die Mindestanforderungen.

```
Gesuchte Zahl: 62    in   4    Schritten
1. Schritt:  1 + 6 = 7
2. Schritt   7 · 8 = 56
3. Schritt   56 + 4 = 60
4. Schritt   60 + 2 = 62
5. Schritt   ich hab gerechnet 1+6=7
             7·8=56
             dann hab ich bis auf 60 gerechnet
             dann +2 = 62
Gesuchte Zahl: ____ in ____ Schritten
1. Schritt:
2. Schritt
3. Schritt
4. Schritt
5. Schritt
```

Strategie von Andrin.

Emre

Emre zeigt sich lernfähig. Nach einem Misserfolg im ersten Versuch, in dem er 40 nach drei Schritten erreicht, orientiert er sich weiterhin an Zehnerzahlen. Er merkt, dass er bereits nach zwei oder drei Schritten 60 erreichen muss. Insgesamt erfüllt er die Mindestanforderungen.

```
Gesuchte Zahl: 62    in  4    Schritten
1. Schritt: 1 + 9 = 10     10·2 ist schon zu wenig
2. Schritt 10 · 2 = 20     gewesen und 20·2 ist
3. Schritt 20 · 2 = 40     auch zu wenig.
4. Schritt 40
5. Schritt

Gesuchte Zahl: 62    in 4    Schritten
1. Schritt:   1+9 = 10
2. Schritt   10·6 = 60    weil es 40 gegeben
3. Schritt   60+1 = 61    hatte und so
4. Schritt   61+1 = 62    ging es nicht dann
5. Schritt                habe ich 6 genommen
                          dann ist es gegangen
```

Zwei Lösungen von Emre.

Magalie

Magalie erreicht offenbar ohne größere Probleme die 62 in drei Schritten. In einem weiteren Versuch stellt sie richtigerweise fest, dass 62 nicht in zwei Schritten erreichbar ist. Da sie in weiteren Versuchen auch Zahlen über 100 findet, die sich mit drei Schritten erreichen oder nicht erreichen lassen, erfüllt sie die erweiterten Anforderungen.

> Gesuchte Zahl: __62__ in __3__ Schritten
> 1. Schritt: $1 \cdot 6 = 6$
> 2. Schritt: $6 \cdot 9 = 54$
> 3. Schritt: $54 + 8 = 62$
> 4. Schritt:
> 5. Schritt:
>
> Gesuchte Zahl: __62__ in __2__ Schritten
> 1. Schritt: $1 + 9 = 10$
> 2. Schritt: $10 +$ Es geht nicht weil man nicht mehr als 9 machen kann
> 3. Schritt:
> 4. Schritt:
> 5. Schritt:

Lösungsversuche von Magalie zu verschiedenen Schrittlängen.

Förderhinweise
Kinder mit einfachen Lösungen:
- versuchen sich mit einfachen Zielzahlen;
- bestimmen selbst die Anzahl der Schritte;
- vermuten und explorieren;
- vergleichen und kontrollieren ihre Strategien;
- stützen sich auf die Einmaleinstafel (s. Lernumgebung „Multiplikatives Netzwerk aufbauen").

Kinder mit anspruchsvollen Lösungen:
- versuchen sich mit großen und/oder anspruchsvollen Zielzahlen;
- optimieren die Anzahl Schritte bzw. finden Abkürzungen;
- decken Zusammenhänge auf und begründen;
- vergleichen und kontrollieren ihre Strategien.

Produkte finden (Klasse 4)

Worum geht es?
Die Aufgabenstellung ist denkbar einfach. Die Kinder erhalten den Auftrag, aus einem Ausschnitt der Tausendertafel, z. B. den Zahlen 1 bis 500, alle Zahlen zu färben, die sich durch Multiplikation der Zahlen 1 bis 10 erreichen lassen. Zur Illustration werden die entsprechenden Zahlen zwischen 1 und 30 eingefärbt, wobei die Zahlen 1 bis 10 natürlich alle eingefärbt werden müssen, da z. B. 1 x 7 = 7.

1	2	3	4	5	6	7	8	9	10
11	12	13	14	15	16	17	18	19	20
21	22	23	24	25	26	27	28	29	30
31	32	33	34	35	36	37	38	39	40
41	42	43	44	45	46	47	48	49	50
51	52	53	54	55	56	57	58	59	60
61	62	63	64	65	66	67	68	69	70
71	72	73	74	75	76	77	78	79	80
81	82	83	84	85	86	87	88	89	90
91	92	93	94	95	96	97	98	99	100

101	102	103	104	105	106	107	108	109	110
111	112	113	114	115	116	117	118	119	120
121	122	123	124	125	126	127	128	129	130
131	132	133	134	135	136	137	138	139	140
141	142	143	144	145	146	147	148	149	150
151	152	153	154	155	156	157	158	159	160
161	162	163	164	165	166	167	168	169	170
171	172	173	174	175	176	177	178	179	180
181	182	183	184	185	186	187	188	189	190
191	192	193	194	195	196	197	198	199	200

201	202	203	204	205	206	207	208	209	210
211	212	213	214	215	216	217	218	219	220
221	222	223	224	225	226	227	228	229	230
231	232	233	234	235	236	237	238	239	240
241	242	243	244	245	246	247	248	249	250
251	252	253	254	255	256	257	258	259	260
261	262	263	264	265	266	267	268	269	270
271	272	273	274	275	276	277	278	279	280
281	282	283	284	285	286	287	288	289	290
291	292	293	294	295	296	297	298	299	300

Zahlentafel mit eingefärbten Zahlen von 1 bis 300, welche durch Multiplikation von zwei oder mehr einstelligen Zahlen erreichbar sind.

Thema   **Abkürzungen gesucht**
Klasse: Klasse 4
Material: Zahlentafel (s. o.), Papier und Schreibzeug
Zeitbedarf: zweimal vier Lektionen

Aufträge

In der Zahlentafel wurden alle Zahlen zwischen 11 und 30 eingefärbt, die man durch Multiplikation von zwei oder mehr einstelligen Zahlen erhalten kann. So ist 28 = 4 x 7 oder 2 x 2 x 7. Auch größere Zahlen lassen sich einfärben:
- 120 = 4 x 5 x 2 x 3 oder 120 = 6 x 5 x 4,
- 224 = 2 x 4 x 4 x 7 oder 224 = 8 x 7 x 2 x 2.

1. Finde auf jeder der drei Zahlentafeln weitere Zahlen, die sich als solche Produkte darstellen lassen, und färbe sie ein.
2. Schreibe jeweils auf, wie du die Zahl gefunden hast.
3. Es ist erstaunlich, wie viele solche Zahlen es gibt – du wirst wahrscheinlich nicht alle finden.
   101 bis 200:   20 Zahlen   201 bis 300:   15 Zahlen
   301 bis 400:   12 Zahlen   401 bis 500:   10 Zahlen
   Schätze, wie viele Zahlen zwischen 500 und 1000 sich als Produkte einstelliger Zahlen darstellen lassen.

Begründung der Lernumgebung

Das Zerlegen von Zahlen in Primfaktoren ist ab Klasse 5 ein beliebter Stoff der Arithmetik. Dabei wird in der Regel nach einem Algorithmus vorgegangen, der immer zum Erfolg führt. In dieser Lernumgebung wird die Fragestellung umgedreht. Die Kinder suchen Zahlen, die sich als Produkte von einstelligen Zahlen darstellen lassen. Damit die Kinder bereits bekannte Produkte möglichst weiterhin nutzen, lassen wir verschiedene Schreibweisen zu. Insofern entspricht 56 = 2 x 2 x 2 x 7 zwar der klassischen Schreibweise der Primfaktorzerlegung, 56 = 7 x 8 ist aber ebenso zulässig. Interessant ist ein Blick auf die Häufigkeit solcher Zahlen:

001 bis 100: 36 (bzw. 46 mit den Zahlen 1 bis 10)
101 bis 200: 20 Zahlen
201 bis 300: 15 Zahlen
301 bis 400: 12 Zahlen
401 bis 500: 10 Zahlen
501 bis 600: 9 Zahlen (504, 512, 525, 540, 560, 567, 576, 588, 600)
601 bis 700: 8 Zahlen (625, 630, 640, 648, 672, 675, 686, 700)
701 bis 700: 7 Zahlen (720, 729, 735, 740, 756, 784, 800)
801 bis 900: 7 Zahlen (810, 840, 864, 875, 882, 896, 900)
901 bis 1000: 5 Zahlen (945, 960, 972, 980, 1000)

Falls die Häufigkeitsverteilung zwischen 1 und 500 bekannt ist, lässt sich auch die Häufigkeit solcher Zahlen zwischen 500 und 1000 abschätzen. Schätzungen zwischen 25 und 45 lassen sich aufgrund der bekannten Verteilung gut begründen, in Wirklichkeit sind es 36, zwischen 1001 und 1500 sind es noch 26 und zwischen 1500 und 2000 noch 20.

Ungerade Zahlen lassen sich weit weniger häufig in einstellige Primfaktoren zerlegen als gerade Zahlen, da man jede gerade Zahl mindestens einmal durch 2 dividieren kann und so eine Zahl erhält, die sich mit Sicherheit den Zahlen von 1 bis 10 nähert, während ungerade Zahlen mit den Endziffern 1, 3, 7 und 9 bereits als Primzahlen infrage kommen.

Wie viele gerade und ungerade Zahlen sich durch Multiplikation einstelliger Zahlen erreichen lassen, stellt sich wie folgt dar:

Zahlen von	gerade	ungerade	Zahlen von	gerade	ungerade
1 bis 100	31	15	401 bis 500	8	2
101 bis 200	15	5	501 bis 1000	28	8
201 bis 300	12	3	1000 bis 1500	21	5
301 bis 400	9	3	1500 bis 2000	16	4

Der Vollständigkeit halber sind in untenstehender Abbildung auch alle möglichen Produkte zwischen 301 und 500 eingefärbt dargestellt.

301	302	303	304	305	306	307	308	309	310
311	312	313	314	315	316	317	318	319	320
321	322	323	324	325	326	327	328	329	330
331	332	333	334	335	336	337	338	339	340
341	342	343	344	345	346	347	348	349	350
351	352	353	354	355	356	357	358	359	360
361	362	363	364	365	366	367	368	369	370
371	372	373	374	375	376	377	378	379	380
381	382	383	384	385	386	387	388	389	390
391	392	393	394	395	396	397	398	399	400

401	402	403	404	405	406	407	408	409	410
411	412	413	414	415	416	417	418	419	420
421	422	423	424	425	426	427	428	429	430
431	432	433	434	435	436	437	438	439	440
441	442	443	444	445	446	447	448	449	450
451	452	453	454	455	456	457	458	459	460
461	462	463	464	465	466	467	468	469	470
471	472	473	474	475	476	477	478	479	480
481	482	483	484	485	486	487	488	489	490
491	492	493	494	495	496	497	498	499	500

Zahlentafel mit eingefärbten Zahlen von 301 bis 500, welche durch Multiplikation von zwei oder mehr einstelligen Zahlen erreichbar sind.

Beurteilungskriterien

Zu dieser Lernumgebung ließen sich viele verschiedene Beurteilungskriterien formulieren. Da die Kinder während des Arbeitsprozesses darauf hingewiesen werden, dass sie bekannte Produkte z. B. durch Verdoppeln nutzen können und sollen, haben wir uns entschieden, diesen Aspekt nicht zu beobachten. Aufgrund der Erfahrung in der Erprobung der Lernumgebung müssen wir davon ausgehen, dass das Nutzen bekannter Produkte auch für eher leistungsstarke Kinder nicht selbstverständlich ist und thematisiert werden muss.

Beurteilungskriterien für die Lernumgebung „Produkte finden"

Name:		Datum:	
Kriterien		**erfüllt?**	**Bemerkungen**
		Nein / Ja	
A	Von den 46 Zahlen bis 100 mindestens 40 finden (22 sind schon eingezeichnet).		Für die Erfüllung der Mindestanforderungen werden die Leistungen unter A und B erwartet.
B	Zu sämtlichen gefundenen Zahlen die Faktoren notieren, z. B. 100 = 2 x 2 x 5 x 5 oder 100 = 4 x 5 x 5. Es sind lediglich einstellige Faktoren, allenfalls auch 10, erlaubt.		

Beispiele

+C	Zwischen 200 und 500 jeweils mindestens vier korrekte Zahlen je Hundertertafel markieren, wobei je Hundertertafel höchstens ein falsches Produkt markiert wird.	Für die Erfüllung der erweiterten Anforderungen werden mindestens die Leistungen in +C oder +D erwartet.
+D	Aufgrund der bekannten Häufigkeitsverteilung der Produkte zwischen 1 und 500 begründete Schätzung abliefern, wie viele Produkte zwischen 500 und 1000 markiert werden können (Schätzung zwischen 25 und 50).	
Gesamtbeurteilung		nicht erfüllt/Mindestanforderungen/ erweiterte Anforderungen

Bei der Durchführung mit 48 Kindern im Februar 2008 erreichten drei Kinder die Mindestanforderungen nicht, 29 Kinder erreichten sie und 16 Kinder erfüllten sogar die erweiterten Anforderungen.

Schülerbeispiele
Laura

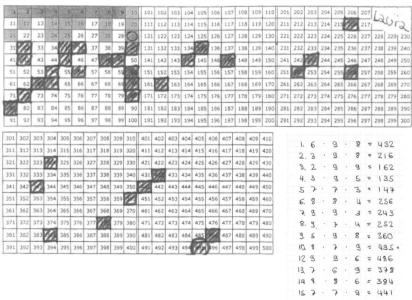

Arbeit von Laura.

2 Leistungsbewertung: Mathematik förderorientiert beurteilen

Laura hat alle Beurteilungskriterien einschließlich der erweiterten Anforderungen erfüllt. Sie markiert zuerst sämtliche Produkte des kleinen Einmaleins. Für größere Produkte hat sie mit immer neuen Multiplikationen lediglich darauf geachtet, dass sie die geforderten Größenbereiche (vier Zahlen je Tafel) trifft. Dank einer guten Größenvorstellung ist ihr dies auch immer mit drei Faktoren gelungen. Ihr Vorgehen würde es jedoch kaum erlauben, sämtliche infrage kommenden Produkte zu finden. Eine Auswertung oder Weiterführung könnte darin bestehen, von bekannten Produkten auszugehen (z. B. 56) und sämtliche mögliche Vielfache (112, 168, 224 ... 448) zu markieren.

Isa

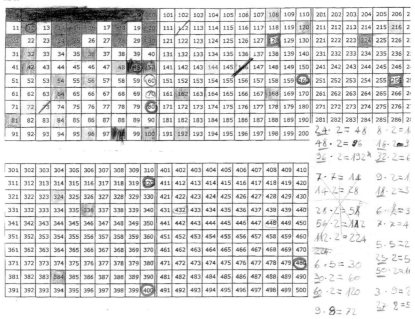

Arbeit von Isa.

Isa hat im Gegensatz zu Laura ein systematisches Vorgehen gewählt. Ein Ausschnitt aus ihrem Protokoll (in der Abbildung rechts unten) macht ihr Vorgehen deutlich. Bekannte Produkte sind rot unterstrichen und wurden genutzt, um durch Multiplikation mit 2 oder 3 neue Produkte zu finden. Intuitiv hat Isa das Konzept der Primfaktorzerlegung offenbar bereits verstanden. Auch sie hat die erweiterten Anforderungen erfüllt, auch wenn sie auf der letzten Tafel lediglich drei Zahlen markiert hat.

Förderhinweise

Kinder mit einfachen Lösungen:
- markieren vorerst bekannte Produkte;
- stützen sich auf die Einmaleinstafel;
- erhalten vor Lektionsende einen Taschenrechner zur Kontrolle ihrer Arbeit;
- lassen sich in Kleingruppen von anderen Lernenden beraten;
- gehen vorerst unsystematisch vor.

Kinder mit anspruchsvollen Lösungen:
- gehen systematisch vor und nutzen bekannte Produkte weiter;
- versuchen, auf einer Tausendertafel möglichst alle Zahlen zu finden;
- überlegen auch rückwärts, indem sie die Faktoren zu einer bestimmten Zahl finden;
- vergleichen und kontrollieren ihre Strategien;
- versuchen sich auch mit größeren Zahlen;
- liefern eine begründete Schätzung zur Häufigkeitsverteilung ab;
- erstellen einen Zusammenzug aller Lösungen auf einer gemeinsamen großen Zahlentafel;
- untersuchen die Häufigkeitsverteilung der Einerziffern.

Reflexion der Beispiele

Mit den gezeigten Beispielen geben wir exemplarisch Einblick in den Aufbau arithmetischer Kompetenzen. In der ersten Lernumgebung erwerben sich die Kinder eine für das Einspluseins wichtige mentale Gliederungsfähigkeit. In der zweiten knüpfen sie ein multiplikatives Netzwerk, welches in der Lernumgebung „Abkürzungen gesucht" mit einem additiven Netzwerk verbunden wird. Schließlich zielen die Lernumgebungen des dritten und vierten Schuljahrs auf eine Vertiefung oder Vernetzung der multiplikativen Strukturen unter Einbezug des Stellenwertsystems.

Die Arbeit mit Lernumgebungen soll, wo immer möglich, ein aktiv-entdeckendes Lernen initiieren. Dies setzt eine gewisse Einstellung oder Motivation zur Aufgabe (Erfolgshoffnung anstelle von Misserfolgsangst) und damit einhergehend ein gesundes Selbstwertgefühl sowie ein elaboriertes Lernverhalten voraus. Gerade bei rechenschwachen Kindern sind solche Voraussetzungen häufig nicht gegeben, und die Förderung kann sich nicht einseitig auf die gute Qualität offener Aufgaben und auf deren grundsätzliches Potenzial berufen. Häufig bedarf es der Einengung offener Aufgaben und/oder einer intensivierten Lernbegleitung. Obwohl die Forschung zeigt, dass auch rechenschwache Kinder am effizientesten *aktiv-entdeckend* lernen (SCHERER 1995; MOSER-OPITZ 2001), muss dieser visionäre Anspruch manchmal zurückgenommen werden: Es soll mit den Kindern in Richtung Lernen an und mit offenen Aufgaben gearbeitet werden, gerade auch, wenn dieser Weg reich an Etappen und Zwischenhalten ist.

Im Vordergrund steht uns jedoch der Gedanke, dass das Setzen von Kriterien nicht nur dem Unterricht eine erkennbare Zielorientierung gibt, sondern auch den Fokus der Kinder auf mathematisch gehaltvolle Arbeitsfelder lenkt. Dadurch lässt sich für jede Arbeit beurteilen, ob die qualitativen Kriterien erfüllt wurden.

2.3 Didaktik der Lernumgebungen

Zum Schluss dieses Artikels greifen wir die wichtigsten Punkte zum Unterrichten mit und Beurteilen von Lernumgebungen nochmals auf.

Didaktische Ansprüche

Nach WITTMANN (1998, 337 f.) müssen „Lernumgebungen bester Qualität", sogenannte substanzielle Lernumgebungen, folgenden Kriterien genügen:

- Sie müssen zentrale Ziele, Inhalte und Prinzipien des Mathematikunterrichts präsentieren.
- Sie müssen reiche Möglichkeiten für mathematische Aktivitäten von Schülerinnen und Schülern bieten.
- Sie müssen flexibel sein und leicht an die speziellen Gegebenheiten einer bestimmten Klasse angepasst werden können.
- Sie müssen mathematische, psychologische und pädagogische Aspekte des Lehrens und Lernens in einer ganzheitlichen Weise integrieren und so ein weites Potenzial für empirische Forschung bieten.

HIRT und WÄLTI (2008) haben außerdem in Zusammenarbeit mit BERND WOLLRING ein didaktisches Konzept für Lernumgebungen skizziert. Nachfolgend geben wir die Grundzüge dieses Konzepts wieder:

1. Konstruktivistische Grundposition

Aus konstruktivistischer Sicht ist Lernen ein aktives Konstruieren von Sinn, das ein autonom lernendes Individuum vollzieht (REINMANN-ROTHMEIER/MANDL 1998). Der Unterricht ist daher weniger auf Vermitteln, sondern vielmehr auf Begleiten, Beraten und Unterstützen ausgelegt. Die individuelle Sinnkonstruktion ist auf wiederholte Möglichkeiten zu auto-

Didaktik der Lernumgebungen 73

nomen Entscheidungen innerhalb eines fachlichen Rahmens angewiesen. In der Lernumgebung „Produkte finden" steht es den Lernenden in diesem Sinne frei, die Anzahl Faktoren, die Größe und Reihenfolge der Faktoren sowie neue Produkte durch das Ableiten bekannter Produkte zu bestimmen.

2. Balance von eigentätigem und informativem Lernen
Freie Entdeckungsreisen ins Land der Mathematik sind zwar erwünscht, jedoch nicht mit dem Appell an eine (leider) oft überfordernde Eigenverantwortlichkeit gleichzusetzen. Deshalb verwenden wir anstelle der Eigenverantwortung oder des eigenverantwortlichen Lernens lieber den Begriff der Mitverantwortung oder des mitverantwortlichen Lernens. Im Verlaufe von Lernprozessen ist es anzustreben, dass die Lernenden eine zunehmende Mitverantwortung übernehmen. Solange die Kinder in einem schulischen Setting lernen, muss aber auch die Lehrperson eine Mitverantwortung für die Lernprozesse der Schülerinnen und Schüler tragen. In diesem Sinne klärt die Lehrperson zu Beginn einer Lernumgebung sorgfältig die notwendigen Rahmenbedingungen wie fachliche Grundlagen, Aufgabenstellung, Hilfsmittel, Arbeitsorganisation und Gütekriterien. Da sich die Arbeit an den in diesem Aufsatz vorgestellten Lernumgebungen mindestens über zwei Unterrichtslektionen erstreckt, darf dieser informative Teil insgesamt 20 Minuten umfassen und in zwei oder drei Etappen erfolgen.

3. Anerkennungskultur
Die Arbeiten der Kinder entstammen in aller Regel autonomen Leistungen, die es unabhängig von deren Komplexität und Vollständigkeit anzuerkennen gilt. Da wir darüber hinaus eine förderorientierte Beurteilung dieser Arbeiten vorschlagen, ist anzustreben, dass möglichst alle Kinder die Mindestanforderungen erfüllen. Eine geschickte Wahl der Beurteilungskriterien, die Begleitung im Unterricht und die Aufforderung zur Nachbesserung z. B. am Tag danach helfen auch Kindern mit Lernschwächen, sich an den Mindestanforderungen zu orientieren und diese zu meistern.

4. Sachstruktur und/oder Fachstruktur
Lernumgebungen sollen zu Entdeckungen auffordern, die die Kinder festhalten und kommunizieren. Fachliche und/oder sachliche Strukturen ermöglichen eine Kommunikation über das Erlebte oder geben den Rahmen, in dem entdeckt und diskutiert werden kann. Dies erleichtert nicht nur die Verständigung in einem gemeinsamen Erlebnisraum, es ist auch Voraussetzung für eine kriterienorientierte Beurteilung.

Diagnostische Ansprüche
Konstruktivistische Grundposition

Diagnostik von Schülerleistungen ist als eine Sinnkonstruktion durch einen Beobachter zu verstehen. MAIER (1998) arbeitete Kriterien für diagnostisch valide Sinnkonstruktionen heraus. Die Schüler haben ein Anrecht darauf, die Beurteilungskriterien im Voraus zu erfahren.

1. Die Interpretationen orientieren sich an der Deskription.
Die Schülerleistungen sind zunächst detailliert und nachvollziehbar zu interpretieren. Erst in einem zweiten Schritt werden sie, wo nötig, möglichst ohne Erwartungshaltung bezüglich richtig oder falsch gedeutet, denn:

> „Eine [...] normative, im Wesentlichen an den Kriterien ‚vollständig' oder ‚unvollständig' bzw. ‚richtig' und ‚falsch' orientierte Interpretation verstellt den Blick dafür, welche Art von Wissen und Verstehen der einzelne Schüler tatsächlich konstruiert hat. Das Bewusstsein, dass diese Konstruktion bei jedem Schüler individuell unterschiedlich [...] erfolgt, muss das Interesse dafür wecken, wie der jeweilige Verfasser der Eigenproduktion tatsächlich denkt, welche Begriffs- und Verfahrensvorstellungen er sich zurechtgelegt hat" (MAIER 1998, 147 f.).

2. Die Interpretation kann sich auch auf nicht Formuliertes beziehen.
Die durch die Lehrperson gegebenen Instruktionen zu einer Lernumgebung sollen zur vollständigen Darstellung dessen, was Schüler zu einem Sachverhalt wissen, einladen. Wenn die Lehrerperson dafür genügend Zeit gewährt, lässt auch Ungeschriebenes „auf Lücken im Wissen und Verstehen des Schülers schließen" (ebd., 150).

3. Die Interpretation erfolgt vollständig und detailliert.
Es käme einer subjektiven Verzerrung gleich, wenn aus Schülerarbeiten lediglich einzelne Äußerungen herausgegriffen würden. Da alle (Text-)Teile gleichermaßen bedeutsam sind, ist eine diagnostische Gründlichkeit angesagt, die sich nicht auf pauschale Deutungen reduzieren lässt.

4. Die Interpretation ist offen bezüglich Mehrdeutigkeit.
Widersprüchliche Interpretationen und Darstellungen dürfen nebeneinander stehenbleiben. Die Vieldeutigkeit gesellt sich gleichberechtigt zur Eindeutigkeit und gewährt einen Blick auf komplexe Lernprozesse.

Unseres Erachtens können Schülerleistungen, wie wir sie in diesem Artikel wiedergegeben haben, durchaus mit Prädikaten oder Noten beurteilt werden. Dies bedarf fachlich substanzieller Kriterien.

3 Unterrichtsbeispiele

3.1 Deutsch: Zusammengesetzte Adjektive

Stephanie Dellel

Thema und Intention

Zusammengesetzte Adjektive wie glasklar, hellgrün oder röstfrisch sind ein Mittel der Kommunikation und somit elementar in unserer Sprache. Um sie zu erschließen, verknüpfen die Kinder „neue und bereits vorhandene Informationen und Handlungsmuster miteinander", wie der Lehrplan für die Grundschulen in Bayern ausführt (BAYERISCHES STAATSMINISTERIUM 2000, 9). Dabei spielt die Eigenaktivität der Lernenden eine große Rolle. Die Kinder werden zu einem kreativen Erproben eigener Lösungswege angehalten: „Die aktive Auseinandersetzung mit dem Lerngegenstand kann z.B. [...] im handelnden Umgang [...]" (ebd., 9) erfolgen. Das kreative Zusammensetzen und Trennen sinnvoller oder unsinniger Adjektive erfüllt folgende Forderung: „Das Betrachten aus unterschiedlichen Perspektiven und das Erkennen von Zusammenhängen können vernetztes Denken bereits in der Grundschule anbahnen" (ebd., 9).

Das selbstständige Ausprobieren, Zusammensetzen und Erschließen der zusammengesetzten Adjektive ist sehr wichtig. Der Lehrplan für die Grundschule fordert im Fachprofil Deutsch, dass die Schülerinnen und Schüler „ihre sprachliche Kreativität einbringen und weiterentwickeln", spielerisch mit Sprache umgehen und beim „Erproben verschiedener sprachlicher Darstellungsmöglichkeiten" auch sich selbst prüfen und so „ein Gespür bekommen für die Vielfalt der Ausdrucksmöglichkeiten", was die „Freude an eigenen Gestaltungsversuchen" (ebd., 29) fördert und unterstützt. Ziel ist, dass die Schülerinnen und Schüler lernen, Sprache *selbst*bewusst und schöpferisch zu gebrauchen. Einblicke in die Möglichkeiten der Wortbildung durch Zusammensetzung sollen den Wortschatz der Kinder erweitern.

Durch Lernen als aktives und selbstständiges Konstruieren von Wissen auf der Grundlage von Vorwissen sollen sich die Schülerinnen und Schüler „aktiv und entdeckend" mit der Schriftsprache auseinandersetzen. Dieses selbstständige Handeln ist eine notwendige Voraussetzung für das „Be-Greifen" der Struktur der Wörter. Beim Diskutieren über die selbst gefundenen Zusammensetzungen lernen sie, über Sprache nachzudenken, Regeln zu entdecken und ihr Handeln zu reflektieren.

Durchführung

Die Schülerinnen und Schüler sollten sich vor dieser Einheit bereits mit zusammengesetzten Nomen beschäftigt haben. Mit der vorbereitenden Hausaufgabe, die auch in der Schule selbstständig in der Einzelarbeit gelöst werden kann, sollen die Kinder individuell auf das Thema eingestimmt und ihre bereits vorhandenen Vorstellungen zu den Wortarten bzw. zusammengesetzten Namenwörtern mobilisiert werden. Die Schülerinnen und Schüler sollen Wörter ihrem Wissen nach selbstständig ordnen und ihre Ordnungsstrategien schriftlich begründen. Es sind die Wortbildungsmöglichkeiten Namenwort + Wiewort und Wiewort + Wiewort enthalten. Als Irritation sind die Wörter „kalt" und „süß" eingebaut. Leere Wortkärtchen geben Gelegenheit, selbst sprachlich kreativ zu werden und sich bereits an (erkannten) Zusammensetzungen zu erproben.

Bei der Besprechung dieser Hausaufgabe soll unter den Schülerinnen und Schülern eine sachliche Diskussion entstehen, die eigene Vorstellungen aktiviert und neu ordnet. Diese Diskussion soll hauptsächlich durch die Kinder geführt werden und aus dem Erkennen von Gemeinsamkeiten und Unterschieden zwischen den Wörtern entstehen. So sollen neue Zusammenhänge geknüpft werden. Die Lehrperson soll sich nur durch kurze, konstruktive Beiträge einbringen, um das Ziel der Stunde zu fokusieren.

Die Schülerinnen und Schüler können die Wörter auch zerschneiden und so in ihre Bestandteile zerlegen (Inversion). Die Lehrperson kann das Wort „Sauerkraut" in die Diskussion einführen, um einerseits zu irritieren und andererseits die zusammengesetzten Wiewörter von den zusammengesetzten Namenwörtern abzugrenzen.

Im Anschluss an die Diskussion sollen die Kinder die Kernerkenntnis in einer Einzelarbeit vertiefen, indem sie sich selbst an Wortmaterial erproben, die Einsichten dabei nachvollziehen und so zu einer qualitativ höheren oder veränderten Einsicht kommen. Die Schülerinnen und Schüler sollen vorgegebene Wörter als Zusammensetzungen aus verschiedenen Wortarten erkennen und selbst eigene Kombinationen erstellen.

Zusammengesetzte Adjektive (1)

Vorbereitende Hausaufgabe

Bringe die ausgeschnittenen Wörter in eine Ordnung!
Klebe die Ordnung in dein Heft!

| ZUCKERSÜSS | KALT | SÜSSSAUER | HONIGSÜSS | SÜSS |

NASSKALT

ESSIGSAUER

Begründe deine Ordnung schriftlich in deinem Heft und erkläre genau!

Zusammengesetzte Adjektive (2)

Vertiefende Arbeitsanweisung

1. Schneide 3 Wörter auseinander, klebe sie in dein Heft und schreibe die Wortarten hinzu.

SAMTWEICH	WINZIGKLEIN
HEISSHUNGRIG	KLEINLAUT
BUTTERWEICH	BLITZSCHNELL
BÄRENSTARK	TAUBSTUMM

Beispiel:

SPIEGEL	+	BLANK	=	spiegelblank
Namenwort	+	Wiewort		

2. Bilde 4 unsinnige und 4 sinnvolle zusammengesetzte Wörter. Achte auf die Schreibung! Schreibe in dein Heft!

SCHIEF	KINDER	GROSS	SCHARF	HOCH
WIND	LEICHT	HAUS	MESSER	STEIN
KALT	EISIG	HART	FEDER	STEIN

3. Beschreibe 3 sinnvolle zusammengesetzte Wörter aus Nr. 2 genauer!
   Beispiel: kerzengerade = gerade wie eine Kerze

4. Lies dir die Sätze halblaut durch. Gibt es Wörter, die du verändern würdest? Schreibe in dein Heft und begründe!
   Es wird dunkel. Die Nacht ist zitronenschwarz.
   Die Klasse 3b ist mäusestark.
   Der Zwerg ist riesengroß.

5. Lies dir die Werbesprüche durch und finde die zusammengesetzten Wörter der heutigen Stunde! Bestimme sie genauer!
   Entfliehen Sie dem nasskalten Wetter in Deutschland!
   Genießen Sie den superleichten Käse aus frischer Alpenmilch!
   Altmodische Autos waren gestern!

Je nach Verlauf der Einzelarbeit werden eventuell auftretende Probleme, Fragen, interessante Phänomene im Plenum aufgegriffen und vertieft. Nach der Einzelarbeit soll noch einmal fokussiert werden, welche Zusammensetzungen von Adjektiven die Schüler bis jetzt kennengelernt haben (Namenwort + Wiewort, Wiewort + Wiewort). Zum Schluss wird den Kindern das Wort „denkfaul" präsentiert. Sie sollen sich nun noch die letzte mögliche Zusammensetzung in einer kurzen Diskussion erschließen: Tunwort + Wiewort.

3.2 Sachunterricht: Ein Spaziergang durch Zehlendorf

Cordula Witte

Wie kann selbstständiges Lernen mit einem Themenportfolio in der Praxis aussehen?

Die Schülerinnen und Schüler unserer gemischten Lerngruppe der Jahrgänge 1, 2 und 3 kamen nach den Ferien aus der ganzen Welt in die Schule zurück. Sie berichteten von langen Flügen und fernen Ländern. Nur ein Kind war in Berlin geblieben und hatte u.a. den Grunewaldturm besichtigt. Beim Erzählen stellten wir fest, dass sich viele in der Ferne fast besser auskannten als in ihrem Wohnbezirk. Das sollte anders werden. Wir verabredeten einen Besuch im Heimatkundemuseum Zehlendorf, wo wir viel über das alte Berlin, seine Geschichte, seine geografische und soziale Entwicklung erfuhren. Die Kinder lernten, welche Gebäude noch von alten Zeiten erzählen und welche Museen über die frühere Lebensweise informieren. Ein Rahmenthema für eine neue Portfolioarbeit war geboren: ein Spaziergang durch Zehlendorf.

Die Kinder begannen, sich eigene Unterthemen zu suchen. Als erste Interessen zeigten sich:
- Der Grunewaldturm
- Hoftiere auf der Domäne Dahlem: Die Kuh
- Hoftiere auf der Domäne Dahlem: Der Esel
- Domäne Dahlem: Die Schmiede
- Domäne Dahlem: Die Blaudruckwerkstatt
- Völkerkundemuseum: Bumerang
- Der Botanische Garten
- Der Grunewald und seine Bewohner: Das Wiesel und der Fuchs
- Der Grunewald und seine Bewohner: Das Reh

- Heimische Bäume im Grunewald
- Gab es früher Wildpferde in Zehlendorf?
- Die Entstehung Berlins
- Die Feuerwehr
- Bäckereibetrieb in Zehlendorf
- Rundgang durch Zehlendorf (Hörkassette)

Für die Schülerinnen und Schüler begann die Sammelphase, in der sie eifrig Material und Literatur zu ihrem Thema zusammentrugen. Gleichzeitig erstellte ich die für alle verbindlichen Vorgaben, die die Inhalte der Portfoliomappen festlegten (vgl. S. 13 ff.). Gefordert waren u. a. ein Sachtext, eine künstlerische Arbeit, eine Fantasiegeschichte und ein Reflexionstext.

Im Klassenraum entstand ein geschäftiges Treiben; Bücherkisten wurden angelegt, Poster aufgehängt, Postkarten mitgebracht, Pläne geschmiedet und ausgetauscht. In einem Kreisgespräch sammelten wir weitere Themenvorschläge, sodass auch die Kinder, die noch keine zündende Idee gehabt hatten, ein eigenes Thema entwickeln konnten.

An diesem Punkt der Arbeit mit dem Themenportfolio liegt für Kinder, die nicht spontan Zugang zu einem Thema finden, eine Schwierigkeit. Viele Kinder dieser Altersstufe lieben Tiere und möchten dazu immer wieder etwas erarbeiten oder sind nicht mutig genug, auch andere, ausgefallenere Themen zu wählen. Andere wiederum fühlen sich von neuartigen Themen besonders angezogen und herausgefordert. Sollte ein Thema gar nicht zum Rahmenthema passen, wird es für die nächste Portfolioarbeit aufgehoben. Diese Aussicht lässt die Schülerinnen und Schüler frei und zufrieden an die aktuelle Themenfindung gehen.

Die Entscheidung für ein Thema dauert bei den Kindern unterschiedlich lange, aber nicht länger als zwei Wochen. Weil wir in einer altersgemischten Klasse arbeiten, haben alle Kinder bereits Präsentationen von Mitschülerinnen und Mitschülern erlebt und sind mit der Struktur einer Portfolioarbeit vertraut. Gemeinsam besprechen wir die Vorgaben, und die Kinder stellen sich gegenseitig ihr endgültiges Thema vor.

Die Eltern werden in einem Brief über alle Themen informiert und auch aufgefordert, ggf. anderen Kindern Materialien zur Verfügung zu stellen und Tipps zu geben. Zur Kontaktaufnahme mit den Kindern dient bei uns ein Briefheft, das von Eltern, Lehrpersonen und Schülerinnen und Schülern für Mitteilungen und Verabredungen genutzt wird.

Anhand von drei Beispielen will ich die weitere Entwicklung dieser Portfolioarbeiten veranschaulichen:

Beispiele für Portfolioarbeiten

1. Luna erforscht den Blaudruck
Luna stieß über ihr Interesse an Mode und Stoffen auf ein altes Handwerk, den Blaudruck, der auf der Domäne Dahlem in Zehlendorf immer noch lebendig ist. In ihrer Portfolioarbeit stellte sich Luna zuerst den Lesern vor, erzählte, warum sie das Thema gewählt und was es mit ihr zu tun hatte. Anschließend formulierte sie ihre Vorhaben und Ziele.
   Zwei Wochen intensives Forschen und Tun vergingen. Luna ordnete ihre Informationen nach Wichtigkeit und nach Oberbegriffen. Für ihren *Sachtext* wählte sie folgende Themen aus:
- Die Geschichte des Blaudrucks
- Die Herstellung des Blaudrucks
- Die Blaudruckwerkstatt

Das Wissen für ihren Sachtext bezog Luna hauptsächlich aus einer Broschüre über den Blaudruck und aus eigener praktischer Arbeit unter der fachkundigen Anleitung der Blaudruckerin. Zu den Texten machte Luna Fotos, malte Bilder und einen Plan der Werkstatt. Mit Eifer erarbeitete sich Luna selbst viele Erkenntnisse, und das erfüllte sie mit Stolz. Ihre Ziele und meine Vorgaben wirkten wie ein Wegweiser. Ich half bei Sackgassen durch klärende Rückfragen und kleine Denkanstöße.
   Zu den Vorgaben für die Portfolios gehörte auch, eine *Fantasiegeschichte* (ein Märchen) zu schreiben. Daran arbeiteten wir zunächst gemeinsam, indem wir anhand von Beispielen die wichtigsten Kriterien herausstellten. Das Handwerkszeug zum Schreiben derartiger Geschichten erwerben sich die Kinder in der Schreibkonferenz. Dort lesen sie ihre geschriebenen Texte und bekommen Tipps und Anregungen von der Gruppe.
   Als *künstlerische Arbeit* bedruckte Luna Stoff, aus dem sie sich dann auf ihrer Nähmaschine ein Kleid nähte.
   Im *Reflexionstext* gab Luna einen Rückblick auf den Portfolioprozess.
   Das Erlernte und Erarbeitete erfuhr Würdigung durch die Eltern, Mitschülerinnen und Mitschüler in der *Präsentation* in der Blaudruckwerkstatt.
   Abschließend gab ich Luna eine Rückmeldung in Form eines *Lehrerkommentars*. In einem solchen Kommentar hebe ich das Gelungene hervor und bewerte die Arbeit auch in Bezug auf die Ziele, die sich das Kind selbst gesetzt hat. Besucher unserer Schule staunen oft darüber, wie ausführlich wir die Portfolios der Kinder kommentieren. Das ist uns wichtig, weil auch die Kinder ihr Bestes für diese Arbeit geben.

> Auszug aus dem Selbstkommentar
> für Luna zum Thema:
> Ein Spaziergang durch Zehlendorf
>
> Liebe Luna,
> vor mir liegt eine liebevoll eingebundene Portfolioarbeit. Sogar das Titelblatt ist ein Kunstwerk aus Blaudruckstoffen. Die verschnörkelte Schrift führt den Leser in frühere Zeiten zurück und macht neugierig auf die Zeit, in der die Kleidung aus Blaudruckstoffen gefertigt wurde. .....
>
> Weißt Du, warum mir bereits dein Vorwort so gut gefällt?
> Ich sage es dir:
> Das Vorwort, aber auch deine Geschichte und dein Reflexionstext zeigen die Begeisterung, mit der du gearbeitet hast. Alle deine Lieblingsbeschäftigungen kommen darin vor: die Mode und deine Lust, dich zu verkleiden und dich in den Kleidern anmutig zu bewegen, deine Freude am Gestalten und beim Malen, deine Liebe zum Geschichtenschreiben, deine Geschicklichkeit beim Nähen und dein Wunsch, schön zu schreiben.
> Auch dein Ziel, ordentlich zu arbeiten, hast du erreicht.
> An den Fehlern kannst du noch arbeiten. Daran arbeiten auch Erwachsene noch. ....

Auszug aus dem Lehrerkommentar an Luna.

2. Jannis beschäftigt sich mit dem Grunewaldturm

In Jannis' Portfolioarbeit nahmen die Ziele und Forscherfragen eine zentrale Stellung ein.

Sachunterricht: Ein Spaziergang durch Zehlendorf

• Schreibe Fragen auf, die du erforschen willst:

Wie heißt die Figur im Grunewaldturm?
Wie kann man ihn nachbauen?
Wie hoch ist er?
Wie heißt der See am Grunewaldturm?

Jannis' Forscherfragen.

Die Informationen über den Grunewaldturm entnahm Jannis u. a. einer Informationstafel am Turm selbst. Seine Aufgabe bestand darin, dem Text die Antworten auf seine Fragen zu entnehmen und sie verständlich wiederzugeben.

Der Nachbau des Grunewaldturms aus Legosteinen bildete für Jannis den wichtigsten Teil der Arbeit. Bei einem Besuch des Grunewaldturms fertigte er eine Skizze an, nach der er den Turm baute. Er zeichnete alle Legosteine, die er für den Bau verwendete. Eine faszinierende *künstlerische Arbeit* entstand.

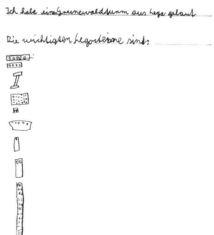

Der Grunewaldturm aus Legosteinen.

Mithilfe der Anleitung zum Märchen-Erfinden verfasste Jannis eine *Fantasiegeschichte*, die auf ideale Weise sein Wissen über Kaiser Wilhelm mit einigen typischen Merkmalen eines Märchens vereinte.

Anleitung zum Märchen-Erfinden

Mache dir zunächst ein paar Notizen:

1) Welche Märchenfiguren spielen mit?
   Kaiser Wilhelm, 7 Zwerge, 3 Trolle, 3 Riesen, 7 Kinder

2) Wer ist die oder der Gute?
   Die Riesen, die Zwerge, die Kinder

3) Wer ist die oder der Böse?
   Kaiser Wilhelm

4) Welches Problem hat die Hauptperson?
   Das Problem von Kaiser Wilhelm ist, dass er versteinert wurde.

5) Wie viele Abenteuer muss der Held bestehen? Welche sind das?
   Zwei Abenteuer müssen die Kinder bestehen.

6) Was passiert zum Schluss mit der Hauptperson?
   Sie wird versteinert.

7) Was passiert zum Schluss mit dem Problem oder dem Bösewicht?
   Die Kinder sind gerettet.

8) Beginne mit den üblichen Worten („Es war einmal …") und vergiss nicht den üblichen Schluss-Satz!

Jannis nutzt die Anleitung zum Märchen-Erfinden.

Der *Reflexionstext* spiegelte nochmals seine Intention wider, beim Bauen mit den Legosteinen seine Geschicklichkeit unter Beweis zu stellen, sogar gegen die Ratschläge anderer. Mithilfe von „Gefühlskarten", Motiven, die Kinder vor, während und nach der Portfolioarbeit auswählen, drücken die Kinder ihre momentanen Gefühle zu der Arbeit aus. Jannis' Gefühlskarten zeugten davon, dass er das richtige Thema für sich gewählt hatte und stolz auf sein Ergebnis war.

Den Abschluss der Portfolioarbeit bildete die *Präsentation* im Grunewaldturm-Café. Bei einem Rätsel mussten die Teilnehmenden zeigen, ob sie gut zugehört hatten. Zuletzt wurde der Turm bestiegen.

3. Luka produziert eine Hörkassette
Luka zögerte lange, sich für ein Thema zu entscheiden. Er ist Legastheniker, und die Diskrepanz zwischen seinen guten Ideen und seinen Möglichkeiten, sie schriftlich wiederzugeben, bereitet ihm große Probleme. Dieses Mal hatte er so lange gewartet, bis alle für ihn geeigneten Themen vergeben waren. Gemeinsam kamen wir schließlich auf die Idee, den Spaziergang durch Zehlendorf auf einer Hörkassette für Besucher festzuhalten.

Nun war auch Luka Feuer und Flamme. Zusammen mit einem Familienhelfer, der zu dieser Zeit an unserer Schule arbeitete, fuhr er mit öffentlichen Verkehrsmitteln die Strecke ab und notierte Straßennamen, zählte Querstraßen und vermerkte die Nummern der Bus- und Bahnlinien. Auf seiner Tour kam Luka die Idee, Interviews mit einem Feuerwehrmann und dem Pförtner des Botanischen Gartens zu führen.

Stolz und mit einem voll beschriebenen Notizblock kam Luka in die Schule zurück und begann sogleich, seine Aufzeichnungen auszuformulieren und auf Band zu sprechen. Zu Hause suchte er nach einer passenden Musik zur Auflockerung der gesprochenen Passagen. Über das Völkerkundemuseum las Luka im Museumsführer nach, markierte die für ihn wichtigen Textstellen, schaltete den Kassettenrekorder ein und las den Text ab.

Luka zeigte sich sehr geschickt im Umgang mit dem Kassettenrekorder. Unermüdlich nahm er auf, fügte hinzu, spulte zurück und gestaltete die Übergänge zwischen Sprache und Musik so lange, bis er mit dem Ergebnis zufrieden war.

Bei der Präsentation begrüßte Luka seine Gäste, schaltete dann den Kassettenrekorder ein und lehnte sich entspannt zurück. Er bekam viel Anerkennung und mehrere Aufträge, die Kassette für andere zu überspielen. Die ersten Sequenzen der Aufnahme mögen einen kleinen Einblick gewähren:

„Guten Tag, ich möchte dich recht herzlich begrüßen zu einem Spaziergang durch den Berliner Bezirk Zehlendorf.
Wir stehen vor dem Heimatmuseum unter der alten Eiche an der Kreuzung Clayallee/Potsdamerstraße. Hier beginnt nach dem Besuch des Museums unser Spaziergang. Wenn wir das Museum im Rücken haben, gehen wir links über die Clayallee die Potsdamerstraße entlang bis zur Charlottenstraße. In diese biegen wir ein und gehen bis zur Feuerwehr.

Lass dein Kassettengerät so lange eingeschaltet, bis ich dich zum Abschalten auffordere. Versuche so schnell zu gehen wie ich. Das merkst du, wenn ich über eine Sache spreche, an der du vielleicht schon vorbeigelaufen bist. Wir haben viel Zeit. Wir wollen langsam gehen und keinen Dauerlauf machen. Wenn du eine Pause wünschst, schalte das Gerät einfach aus, bis du mit mir weitergehen möchtest.

[Musik]

Noch wenige Schritte, dann müssen wir bei der Feuerwehr angekommen sein. Ich möchte nun einem Feuerwehrmann drei Fragen stellen:
Wie viele Einsätze haben Sie pro Jahr?
Wie viel kostet ein Einsatz ungefähr?
Was war Ihr aufregendster Einsatz?"

Bei Luka mussten wir aufgrund seiner besonderen Lernsituation etwas andere Wege gehen als bei den übrigen Kindern, um ihm eine gute Portfolioarbeit zu ermöglichen. Aber darin liegt ja gerade die Stärke dieser Arbeitsmethode, dass sie es zulässt, das Lernen zu individualisieren.

Auswertung der Portfoliobeispiele

Es ist eine Besonderheit der Portfolioarbeit, dass Lernen auf vielen Ebenen stattfindet. Auch wenn die Portfolioarbeit tendenziell das Schreiben bevorzugt, kommen über die künstlerische Arbeit und die Entwicklung sozialer Kompetenzen wichtige andere Lerneffekte hinzu.

Steht eine klare Themen- oder Fragestellung am Anfang, führt sie wie ein roter Faden durch die Portfolioarbeit. Diese gedankliche Arbeit an der Zielsetzung verhilft zur inneren Orientierung und äußeren Strukturierung.

Wenn aus dem Unterricht heraus ein neues Rahmenthema entstanden ist, gehe ich einige Zeit mit offenen Augen durch die Welt auf der Suche nach Material, Informationen und Literatur, die ich den Kindern bereitstellen kann. Meist gehe ich mit der gleichen Begeisterung an die Arbeit wie die Kinder, obwohl die Begleitung und Beratung so vieler unterschiedlicher Themen durchaus zeitaufwändig und anstrengend sein kann. Dennoch ist diese Arbeitsmethode aus meinem Unterricht nicht mehr wegzudenken.

Die geschilderten Beispiele sollen keine überzogenen Ansprüche aufbauen, sondern Mut und Lust machen, mit der Portfolioarbeit zu beginnen oder daran weiterzuarbeiten.

Vorgaben für die Portfolioarbeit (1)

Oberthema:

Ein Spaziergang durch Zehlendorf

Mein Thema:

_____

_____

_____

Vorwort: Stelle dich und dein Thema vor. Beschreibe, was dich an deinem Thema interessiert.

Mein Ziel:

_____

_____

_____

| **Texte:** | 1. Sachtext |
| | 2. Märchen |

Künstlerische Arbeit:

_____

_____

Reflexionstext

Meine Unterlagen: Bücher, Fotos, Kopien, Notizen

Inhaltsverzeichnis

Beratungsgespräche: 1. Gespräch am: _____

　　　　　　　　　　　　　2. Gespräch am: _____

Präsentationsplanung

Vorgaben für die Portfolioarbeit (2)

1. Schritt: Du hast dein Thema gefunden.

   Es heißt: _____

2. Schritt: Nun musst du Informationen beschaffen.

   Welche Materialien hast du bereits besorgt?

   _____

   _____

   _____

   _____

   Schreibe Fragen auf, die du erforschen willst:

   _____

   _____

   _____

   _____

   Wo willst du Antwort auf deine Fragen finden?
   Befrage Fachleute!

   _____

   _____

   _____

   _____

3.3 Methodentraining im 1. Schuljahr

Alexandra Zuralski

Grundsätzliche Überlegungen

Die Diskussion um die Dringlichkeit eines Methodenkonzepts für frühe Altersstufen kann bereits auf Reformbemühungen der Zwanziger- und Dreißigerjahre zurückgeführt werden. Doch erst vor rund zehn Jahren sind Konzepte zum Thema „Lernen lernen in der Grundschule" entstanden, die sich seitdem in ständiger Entwicklung befinden (vgl. Cwik/Risters 2004a; 2004b, 7). Heute ist die neue Lernkultur Gegenstand zahlreicher Fortbildungen zur Unterrichtsentwicklung. Die neuen Richtlinien und Lehrpläne sind verstärkt auf Kompetenzen auf diesem Gebiet ausgerichtet. Auch ist „Lernen lernen" ein integrativer Bestandteil des Schulprogramms zahlreicher Grundschulen geworden.

Der Methodenkompetenz soll jedoch kein höherer Stellenwert als den Sachkompetenzen zugeschrieben werden. Vielmehr muss betont werden, dass gute Lernstrategien nicht Wissen ersetzen, sondern zu dessen selbstständiger Aneignung befähigen.

Vor dem Hintergrund des erweiterten Lernbegriffs stellt „Lernen lernen" einen fächerübergreifenden Lernprozess dar, bei dem auch das Lernen zum Lerngegenstand wird. Die Zielsetzung liegt im Erwerb von Kompetenzen im methodischen, kommunikativen und kooperativen Bereich.

Wird der Schwerpunkt auf das *Methodentraining* gelegt, so beschreiten wir einen Weg über das eigenverantwortliche Arbeiten und Lernen zu *Methodenkompetenz*. Diese Schlüsselqualifikation meint, Arbeitstechniken, Verfahrensweisen und Lernstrategien sachgerecht, situationsbezogen und zielgerichtet gebrauchen zu können. Auf diesem Lernweg werden die

> „[...] eigenen Erfahrungen [...] bewusst durchdrungen und reflektiert, um Einsichten in den eigenen Lernprozess zu gewinnen und um nachfolgende Lernhandlungen durch den gezielten und automatisierten Einsatz von Lernstrategien, je nach individueller Absicht, besser zu vollziehen" (Dröse/Weiss 2005, 7).

Unterrichtsbeispiele

Die folgenden zwei Beispiele aus einer Sequenz zum Methodentraining in einer ersten Klasse sollen einen Leitfaden für die konkrete Unterrichtsgestaltung bieten. Das Methodentraining insgesamt nahm zwei bis drei

Schulstunden pro Woche über einen Zeitraum von fünf Wochen im zweiten Halbjahr des ersten Schuljahres ein. Zielsetzung war, die Schüler zum Nachdenken über Lernmethoden und -prozesse anzuregen und sie dabei zu unterstützen, ihren individuellen Lernweg einzuschlagen. Der Schwerpunkt lag auf elementaren Lern- und Arbeitsstrategien, auf deren Grundlage die Schüler schrittweise daran herangeführt werden sollten, ihren Lernprozess selbstständig zu planen, zu organisieren und zu steuern.

1. Trainingseinheit: Mein Schultornister und mein Schreibtisch – Ordnung am Arbeitsplatz und Vollzähligkeit der Arbeitsmaterialien
Schwerpunktziele:
- notwendige von unnötigen Gegenständen für Lernen und Arbeiten unterscheiden
- eine Kontroll-Liste für den Schultornister erstellen und an einem Tag in der Woche den Schultornister auf seine Vollständigkeit überprüfen
- den Arbeitsplatz ordentlich und übersichtlich gestalten

Zeitlicher Rahmen: zwei Stunden
Materialien: Arbeitsblätter 1 bis 6

Umsetzung:
Einführung (erste Stunde): Vorwissen aktivieren
Als Einstieg dient eine Geschichte über das Mädchen Petra. Die Lehrerin berichtet, dass Petra gut vorbereitet in die Schule kommen möchte. Es fällt ihr allerdings schwer, sich von ihren Lieblingssachen zu trennen. Deshalb packt sie alles, was sie mag, in ihren Schultornister. Es folgt ein Bildimpuls durch eine Overheadprojektorfolie, die Petras Schultornister zeigt (S. 98), in dem sich verschiedene Gegenstände befinden.

Mögliche Leitfrage für einen Gesprächsanlass: Welche Sachen gehören in Petras Schulranzen?

Die Kinder werden angeregt, sowohl ihre Auswahl zu begründen als auch ihre eigenen Erfahrungen einfließen zu lassen. Die notwendigen Gegenstände werden von der Lehrperson nach der Methode des Markierens eingekreist, die unnötigen durchgestrichen.

Arbeitsphase als konkrete Übung
Die Kinder bearbeiten das Arbeitsblatt „Wie sieht denn der Schreibtisch aus?" (S. 99). Dabei sollen sie zum einen unterscheiden, welche Materialien auf einen Schreibtisch gehören. Zum anderen können sie die Methode des Markierens als eine Möglichkeit ausprobieren, ihre Ergebnisse herauszustellen oder zu visualisieren. Wie es zuvor die Lehrperson anhand der

Folie vorgemacht hat, kreisen nun die Schülerinnen und Schüler die benötigten Gegenstände ein und streichen die unnötigen Dinge durch. Die Ergebnissicherung erfolgt durch eine Selbstkontrolle.

Durch das Markieren ist eine schnelle Bearbeitung des Arbeitsblattes möglich, sodass die Schülerinnen und Schüler anschließend mit dem Arbeitsblatt „Mein Schreibtisch" (S. 100) fortfahren können. Dabei müssen sie überlegen, welche Gegenstände sie beim Lernen brauchen, und entscheiden, wie sie die Dinge auf dem Schreibtisch sinnvoll anordnen, um gut vorbereitet mit der Arbeit anfangen zu können. Die Kinder zeichnen die Gegenstände auf den leeren Schreibtisch an die vorgesehene Stelle. In den leeren Papierkorb soll gezeichnet werden, was nicht auf den Schreibtisch gehört. Das zuvor bearbeitete Arbeitsblatt „Wie sieht denn der Schreibtisch aus?" kann von den Kindern als Anregung genutzt werden.

Ergebnisse präsentieren und reflektieren
Anschließend können die verschieden geordneten Schreibtische in einem „Museumsrundgang" gewürdigt werden. Diese Methode der Reflexion regt durch den Vergleich der Arbeiten zum Austausch in Kleingruppen an, die sich besonders um die herausragenden Ergebnisse versammeln. Exemplarisch werden einige Schreibtische im Plenum vorgestellt und besprochen.

Hausaufgabe
Als Hausaufgabe können die Kinder eine eigene Schultornister-Kontrolle (S. 101) erstellen. Eine vorgegebene Liste von wichtigen und unnötigen Gegenständen (S. 102) dient als Hilfestellung. Dabei ist als Differenzierungsmaßnahme den Kindern freigestellt, ob sie die Gegenstände aufschreiben oder ausschneiden und in die Schultornisterliste einkleben. Bei der Auswahl aller benötigten Gegenstände aus der Liste bleibt eine Zeile leer, sodass die Kinder auch einen Gegenstand, der für sie persönlich wichtig ist, eintragen können. Selbstverständlich soll anhand der Liste der eigene Schulranzen auf seine Vollständigkeit überprüft werden. Ein festgelegter *Kontrolltag* hilft den Kindern dabei, ihre Schulranzen kontinuierlich zu überprüfen, um eine gewisse Routine einzuführen.

Einstieg (zweite Stunde): Vorerfahrungen reflektieren
Die Kontroll-Liste aus der Hausaufgabe wird besprochen und durch Abhaken auf ihre Richtigkeit überprüft. Anschließend werden die Erfahrungen der Kinder reflektiert. Die Schülerinnen und Schüler berichten, wie ihre eigene Kontrolle verlaufen ist. Es folgt ein Austausch über Probleme bei der Überprüfung wie:

- Welche Gegenstände müssen, können oder dürfen nicht mitgebracht werden?
- Sind die Gegenstände vollständig, angespitzt ...?
- Was kann in der Schule bleiben?
- Wie kann die Schultornister-Kontrolle vereinfacht werden?

Dabei kann die Klasse bereits erste Tipps und Tricks sammeln.

Arbeitsphase: Lerntipps erarbeiten
Das vorstrukturierte Arbeitsblatt „Mein Lerntipp" (S. 103) dient den Kindern als Hilfestellung bei der Reflexion ihres bevorzugten Lerntipps zu Ordnung und Vollzähligkeit der Arbeitsmaterialien. Die Kinder klären für sich, ob sie verstanden haben, wie sie den Lerntipp anwenden können und wie hilfreich er tatsächlich für sie ist, und sammeln Beispiele für die Anwendung.

Erarbeitete Lerntipps reflektieren und bewerten
Im Plenum stellen die Kinder ihren persönlichen Lerntipp und ihre Bewertung vor. Auf diese Weise können sie ihr erworbenes Wissen präsentieren und sich gegenseitig ergänzen. Zum Abschluss kann das Kindermutmachlied[12] gesungen werden.

Zwischenreflexion
Diese Trainingseinheit ist vom Schwierigkeitsgrad her auch für leistungsschwache Schüler leicht zu bewältigen. Dadurch werden sie motiviert, eine eigene Schultornister-Kontrolle durchzuführen. Von Zeit zu Zeit sollte die Vollständigkeit der Arbeitsmaterialien erneut thematisiert werden, insbesondere, wenn bei den Kindern wieder Arbeitsmaterialien fehlen.

Einige Kinder äußerten, sie hätten keine Lust, die Schultasche zu kontrollieren. Hier erleichtert eine Kontroll-Liste zum Abhaken die Überprüfung und bahnt gleichzeitig einen routinierten Ablauf an. Außerdem ist zu beobachten, dass sich die Kinder, denen Materialien fehlen, gerne auf ihre Tischnachbarn verlassen, die ihnen freundlicherweise mit den benötigten Gegenständen aushelfen. Um genau diese Schülerinnen und Schüler zu erreichen, empfiehlt es sich, diesen Austausch zu unterbinden.

Grundsätzlich habe ich den Eindruck, dass die Kinder seit der Trainingseinheit verstärkt darauf achten, alle notwendigen Materialien einzupacken sowie auch ihre Stifte zu Hause anzuspitzen. Folglich wird durch diese Einheit eine höhere Nutzung der Lernzeit erreicht. Die Reflexion

---

12 Text und Noten unter http://www.enricobaumann.de → Lieder & Hymnen → Kirchenlieder → Kindermutmachlied.

mithilfe des Arbeitsblattes „Mein Lerntipp" stellt zunächst eine kleine Hürde für die Kinder dar. Sind die Schüler mit einer solchen Form der Bewertung vertraut, verläuft die schriftliche Reflexion automatisierter. Als Alternative bietet sich zu Beginn des Methodentrainings auch ein mündliches Reflexionsgespräch an.

2. Trainingseinheit: Wie mache ich meine Hausaufgaben? – Tipps zur Bearbeitung von Hausaufgaben

Im Rahmen der Hausaufgaben sollen die Schülerinnen und Schüler den Unterrichtsstoff möglichst selbstständig üben, vertiefen und anwenden. Dabei müssen sie bestimmte Lern- und Arbeitstechniken kennen und davon Gebrauch machen können. Gewisse Grundvoraussetzungen müssen gegeben sein, um ungestört arbeiten und effektiver lernen zu können. Dazu gehören Vorbereitungen wie beispielsweise störende Geräusche ausschalten, den Lernplatz vorbereiten, den Lernstoff entsprechend der Einstiegs-, Hauptarbeits- und Schlussphase nach Schwierigkeitsgrad in leicht – schwer – leicht aufteilen sowie kurze Lernpausen einlegen. Solche Lernstrategien können bereits Schülerinnen und Schülern in der Schuleingangsphase bewusstgemacht werden. So können die Lernanfängerinnen und -anfänger ihre Aufmerksamkeits- und Konzentrationsfähigkeit erhöhen und dadurch auch Lerninhalte effektiver speichern.

Schwerpunktziele:
- das Lernen vorbereiten
- eine ungestörte Lernatmosphäre schaffen
- den Lernstoff in leicht – schwer – leicht aufteilen
- Entspannungspausen zwischen den Lernphasen einbauen
- die Methode des *Mindmap* oder *Wortfeldes* anwenden

Zeitlicher Rahmen: drei Stunden
Materialien: Arbeitsblätter 6 bis 10

Umsetzung:
Einführung (erste Stunde): Wie erledigst du deine Hausaufgaben?
Die Sensibilisierung für das Thema „Wie erledigst du deine Hausaufgaben?" erfolgt durch einen kurzen Fragebogen (S. 104), in dem die Kinder bewerten, ob die Lernaussagen mit dem eigenen Verhalten beim Bearbeiten der Hausaufgaben übereinstimmen. Um Leseschwierigkeiten zu vermeiden, können die Lernaussagen von einem leistungsstarken Kind oder von der Lehrperson vorgelesen werden. Anhand des Fragebogens kann das individuelle Lern- und Arbeitsverhalten festgehalten werden, um im

Laufe der Trainingseinheit den Schülern gezielt Hilfestellung geben zu können.

Vorerfahrungen reflektieren
In einem gemeinsamen Gespräch werden die Lernaussagen mit den eigenen Lernerfahrungen verglichen. Mögliche Gesprächsimpulse können sein:
- Beschreibe, wie du deine Hausaufgaben erledigst.
- Überlege, welche Lerntipps für dich sinnvoll sind.

Ungünstige werden von hilfreichen Lernfaktoren unterschieden. Letztere können an dieser Stelle bereits gesammelt und in den folgenden Phasen vertieft werden. Daraus soll zunächst der Bereich Störungen herausgegriffen werden.

Arbeitsphase als konkrete Übung
Ein wichtiger Lernfaktor sind Störquellen, über welche sich die Schülerinnen und Schüler bei der Bearbeitung des Arbeitsblattes „Störung!" (S. 105) Gedanken machen. Dabei wird die Methode des *Mindmap* oder *Wortfeldes* eingesetzt, die den Kindern bekannt sein sollte. Schwieriger wird es, wenn die Methode in diesem Zusammenhang eingeführt wird. Generell gilt der Grundsatz, eine neue Methode an einem bereits bekannten oder sehr einfachen Thema einzuführen, um sich schwerpunktmäßig auf die Technik zu konzentrieren. Ggf. können hier zu Beginn einige Störquellen gemeinsam gesammelt und geordnet werden, um die Methode den Kindern verständlich zu machen. Bei der zweiten (Zusatz-)Aufgabe können sich die Schülerinnen und Schüler in Partnerarbeit darüber austauschen, was sie tun könnten, um ungestört ihre Hausaufgaben zu erledigen.

Störquellen reflektieren
Im Plenum werden mögliche Störquellen gemeinsam gesammelt. Dabei kann bei einer leistungsstarken Lerngruppe als Differenzierungsmaßnahme eine Verästelung (Störungen durch mich/durch andere Menschen oder Sachen/durch Sinneskanäle) dargestellt werden. Im zweiten Schritt kann die Klasse gemeinsam Lerntipps sammeln, um die genannten Störungen auszuschalten.

Ist die Lerngruppe ungeübt in der Methode des Mindmap oder Wortfeldes, kann der Reflexionsschwerpunkt zunächst auf der Methode liegen. In diesem Fall sollte der Lerninhalt in der nächsten Stunde aufgegriffen werden.

Hausaufgabe: Erarbeitete Lerntipps anwenden
Als Hausaufgabe können die Schülerinnen und Schüler die Lerntipps bereits individuell anwenden und auf ein ungestörtes Bearbeiten der Hausaufgaben achten. Mit dem Arbeitsblatt „Kurze Lernpausen" (S. 106) sollen die Kinder erarbeiten, wie lange eine Lernpause dauern sollte und wie sie diese sinnvoll verbringen können.

Einführung (zweite Stunde): Störungen
Als Einstieg wird das Thema Störungen wieder aufgegriffen. Mögliche Gesprächsimpulse können sein:
- Erzähle uns, wie du gestern deine Hausaufgaben gemacht hast!
- Welcher Lerntipp hat dir dabei geholfen, deine Hausaufgaben in Ruhe zu bearbeiten?

Im Anschluss werden die Hausaufgaben besprochen und dabei Ideen gesammelt, was die Schüler in ihren Lernpausen tun können. Hierfür bieten sich Gymnastikübungen, Bewegungsspiele oder Übungen zur Muskelentspannung an. Hilfreich ist auch, die Beine kurz auszuschlagen und den Raum zu lüften. Außerdem können die Schülerinnen und Schüler eine kleine gesunde Zwischenmahlzeit zu sich nehmen.

Arbeitsphase: Weitere Lerntipps erarbeiten
In der Arbeitsphase erhalten die Kinder ein Arbeitsblatt, auf dem eine bekannte Figur, z. B. das Klassen- oder Fibeltier, seine Hausaufgabentricks vorstellt (s. S. 107). Darin sind auch einige Störfaktoren eingebaut. Das Arbeitsblatt ist entsprechend dem Fragebogen aus der vorherigen Stunde konzipiert. Die Kinder sollen sinnvolle von ungünstigen Hausaufgabentricks farbig unterscheiden, um die zuvor herausgearbeiteten wichtigen Lernfaktoren in Erinnerung zu rufen.

Lerntipps reflektieren
Der Informationsaustausch erfolgt im Plenum. In der Reflexionsphase werden die Ergebnisse gemeinsam verglichen und ergänzt sowie die Lerntipps gesichert. Wichtige Lerntipps können an der Tafel visualisiert werden.

Hausaufgabe: Erarbeitete Lerntipps anwenden
Die Kinder sollen einige gesammelte Lerntipps bei den Hausaufgaben aus anderen Fächern anwenden.

Einstieg (dritte Stunde): Erfahrungsaustausch
Die Kinder berichten über ihre Erfahrung mit der Umsetzung der persönlichen Lerntipps bei den Hausaufgaben und tauschen sich darüber aus.

Erarbeitete Lerntipps reflektieren und bewerten
Anhand des vorstrukturierten Arbeitsblattes „Mein Lerntipp" (s. S.103) werden die bevorzugten Lerntipps reflektiert und bewertet.

Strategien verfeinern, Routine festigen
Die Kinder stellen im Plenum ihre persönlichen Lerntipps sowie deren Bewertung durch sie vor. Durch den gemeinsamen Austausch und weitere Anregungen können die eigenen Lernstrategien verfeinert werden. Als Abschluss sollen Bewegungsspiele oder Übungen zum aktiven Sitzen, die die Kinder während der Lernpausen einsetzen können, durchgeführt werden.

Zwischenreflexion
Die Selbsteinschätzung des Arbeitsverhaltens bei den Hausaufgaben ist leistungsstärkeren Schülerinnen und Schülern leichtgefallen. Leistungsschwächere Kinder hatten teilweise Schwierigkeiten, die Fragen zu den Hausaufgaben (s. S.104) auf das eigene Lernverhalten zu beziehen und dieses einzuschätzen. Hier wäre eine klare Entscheidung zwischen Ja oder Nein vorteilhafter, um die Eindeutigkeit der Schülerantworten zu sichern. Die Lehrperson sollte entscheiden, ob die Spalte „etwas" für die eigene Klasse oder einen Teil der Klasse zu streichen ist.

Gemeinsames Vorlesen vermeidet zwar Leseschwierigkeiten, doch besteht die Gefahr, dass die Kinder in der Zeile verrutschen. Hier wäre es ratsam, beim Mitlesen und Ausfüllen des Fragebogens ein Lesezeichen zu verwenden.

Die Methode des Mindmap war der Lerngruppe bereits bekannt, sodass sie diese sachgerecht anwenden konnten. Die Einteilung in Ober- und Unterbegriffe war beim Thema Störquellen anspruchsvoll und von daher nicht zwingend notwendig.

Mit zunehmender Übung fiel den Schülerinnen und Schülern bei der Reflexion anhand des Arbeitsblattes „Mein Lerntipp" die eigene Einschätzung und Bewertung immer leichter. Dennoch sollte bei Bedarf das Anspruchsniveau reduziert und ggf. die Sternchenaufgabe weggelassen werden. Generell ist eine solche schriftliche Reflexion auf der Metaebene eher für leistungsstarke Klassen anzustreben.

Evaluation des Methodentrainings

Überprüfung des Konzepts anhand der Evaluationsinstrumente
Um den Erfolg der Trainingseinheiten zu überprüfen, griff ich auf folgende drei Evaluationsinstrumente zurück, welche die Lernentwicklung der Gruppe dokumentieren:
- Lernportfolio,
- alltägliche Beobachtung der Lernentwicklung meinerseits,
- Beurteilungsbögen vor und nach der Methodenschulung, jeweils für die Klassenlehrerin und die Eltern.

Die Ergebnisse und Schlussfolgerungen für die Lernentwicklung der Gruppe, die auf die Instrumente *Lernportfolio* sowie *meine alltägliche Beobachtung* des Lern- und Arbeitsverhaltens der Schülerinnen und Schüler zurückgeführt werden können, sind vorwiegend in die Zwischenreflexion der einzelnen Trainingseinheiten eingeflossen. Hier sollen einige Anmerkungen zur Entwicklung der Erprobungsklasse ergänzt werden.

Bei der gesamten Lerngruppe war eine Verbesserung der Leistung in den Bereichen Lern- und Arbeitsverhalten, Ordnung und Vollzähligkeit der Arbeitsmaterialien sowie Fähigkeiten und Fertigkeiten festzustellen.

Leistungsstärkere Schülerinnen und Schüler, die laut Selbsteinschätzung und Beurteilungsbogen vor der Methodenschulung keine Lern- und Arbeitsstrategien anwendeten, erarbeiteten selbstständig oder mithilfe von Impulsen für sie persönlich relevante Lerntipps.

Bei leistungsschwächeren Kindern war ebenfalls eine leichte positive Entwicklung festzustellen, die sich nicht auf den Umgang mit Lernschwierigkeiten beschränkte, sondern vorwiegend den Bereich Ordnung und Vollzähligkeit der Arbeitsmaterialien betraf.

Um diesen Fortschritt für die gesamte Zielgruppe aufrechtzuerhalten, bedarf es nach dem *Prinzip der Regelmäßigkeit* einer wiederkehrenden Erinnerung an die Schultornister-Kontrolle, die wöchentlich durchgeführt werden sollte. Als sinnvoll und notwendig erwiesen sich die in den Trainingseinheiten beschriebenen Differenzierungsmaßnahmen.

Die Auswertung der Beurteilungsbögen zeigte, dass einige Kinder durch den Erwerb elementarer Lern- und Arbeitstechniken schrittweise begannen, *ihren Lernprozess selbstständig zu planen, zu organisieren* und *zu steuern*. Bei der Mehrzahl der Schülerinnen und Schüler dieser Lerngruppe war festzustellen, dass das Methodentraining einen wesentlichen Grundstein für die Entwicklung individueller Lern- und Arbeitstechniken gelegt hat.

① Petras Schultornister

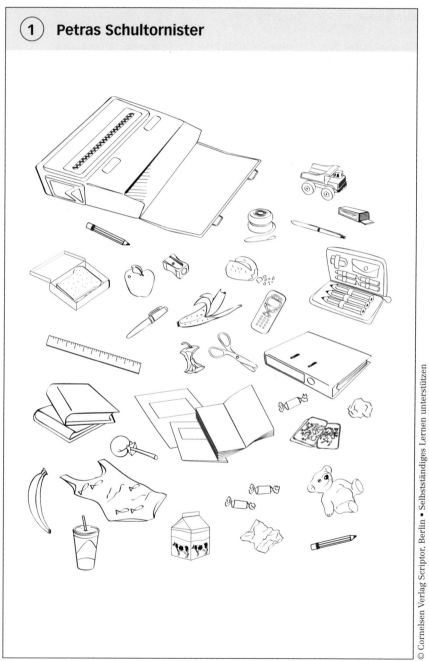

Methodentraining im 1. Schuljahr 99

② Wie sieht denn der Schreibtisch aus?

Name: _____ Datum: _____

✏️ 1. Was gehört auf deinen Schreibtisch?

_____
_____
_____
_____

✏️ 2. Was gehört nicht auf deinen Schreibtisch

③ Mein Schreibtisch

Name: _____　　Datum: _____

✏ Wie soll dein Schreibtisch in der Schule und zu Hause aussehen?

✏ Was gehört nicht dazu?

④ Schultornister-Kontrolle

Name: _____   Datum: _____

1. Was brauchst du für deine Schulaufgaben?

   ✏️   oder   🖊️

   Erstelle deine eigene Kontroll-Liste!

Das gehört unbedingt in meinen Schultornister!	✓
_____	
_____	
_____	
_____	
_____	
_____	
_____	
_____	
_____	
_____	

2. Kontrolliere deinen Schulranzen an einem Tag in der Woche.

   Meine Kontrolle ist am _____.

⑤ Liste zur Schultornister-Kontrolle

Name: _____ Datum: _____

- Federmappe
- Lolli
- Schere
- leere Limodose
- Bücher
- Kaugummi
- Hefte
- gesundes Frühstück
- Spiele
- altes Brötchen
- Anspitzer
- Schnellhefter
- Milchtüte
- Radiergummi
- Handy
- Kleber
- angespitzte Stifte

⑥ Mein Lerntipp

Name: _____ Datum: _____

Mein Lerntipp: _____
_____

✏️ Verstehe ich den Lerntipp?   ja   etwas   nein

✏️ Hilft mir der Lerntipp?   ja   etwas   nein

✏️ Mein Lerntipp hilft mir bei

_____
_____
_____
_____
_____
_____
_____

✨
✏️ Warum?

_____
_____
_____
_____

⑦ Hausaufgaben

Name: _____ Datum: _____

✏️ 1. Wie machst du deine Hausaufgaben?

	ja	etwas	nein
Bei den Hausaufgaben lenkt mich nichts ab.			
Fernseher, Computer und Musik helfen gegen Langeweile.			
Mein Schreibtisch ist aufgeräumt.			
Meine Spielsachen helfen mir bei den Hausaufgaben.			
Alle Materialien (Bücher, Hefte, Federmappe, Hausaufgabenheft) liegen bereit.			
Ich erledige zuerst die Aufgaben, die mir Spaß machen. Den Rest mache ich morgens kurz vor der Schule.			
Ich mache zuerst die leichten, dann die schwierigen Hausaufgaben.			
Alle Hausaufgaben mache ich auf einmal. Dann habe ich viel Zeit zum Spielen.			
Zwischen den Hausaufgaben denke ich an eine kurze Pause (5 Minuten).			

Methodentraining im 1. Schuljahr 105

(8) Störung!

Name: _____ Datum: _____

> Ich mache gerade Hausaufgaben. Da schaltet mein Bruder den Fernseher an. Nun weiß ich gar nichts mehr!

oder

1. Was stört dich bei deinen Hausaufgaben?

2. Du möchtest ungestört deine Hausaufgaben machen. Was kannst du tun?

⑨ Kurze Lernpausen

Name: _____ Datum: _____

 1. Wie lange soll eine Lernpause dauern? Tipp: Stelle eine Eieruhr.

_____

 2. Was kannst du in der kurzen Lernpause machen?

10 Meine Hausaufgaben-Tricks

Name: _____ Datum: _____

1. Male die richtigen Tipps grün aus!

Alle Hausaufgaben mache ich sofort nach der Schule. Dann habe ich mehr Zeit zum Spielen.

Ich erledige meine Hausaufgaben kurz vor der Schule.

Fernseher, Computer und Musik helfen gegen Langeweile.

Mein Schreibtisch ist aufgeräumt und gut beleuchtet.

Meine Hausaufgaben mache ich auf einmal. So spare ich Zeit.

Fernseher, Computer und Musik schalte ich aus.

Zwischen den Hausaufgaben denke ich an eine kurze Pause (5 Minuten).

Ich teile meine Hausaufgaben so ein: leicht – schwer – leicht.

Alle Materialien (Bücher, Hefte, Federmappe, Hausaufgabenheft) liegen bereit.

Literatur

Bayerisches Staatsministerium für Unterricht und Kultus und Wissenschaft, Forschung und Kunst (2000): Lehrplan für die Grundschulen in Bayern. München.

Beck E./Guldimann, T./Zutavern, M. (1991): Eigenständig lernende Schülerinnen und Schüler. In: Zeitschrift für Pädagogik, 37. Jg., Heft 5, 735–768.

Bochmann, R./Kirchmann, R. (2006): Kooperatives Lernen in der Grundschule. Neue Deutsche Schule: Essen.

Braun, K. (2002): Liebes Tagebuch, ich hätte da eine Frage: „Wer hat eigentlich das Lernen erfunden?" Erfahrungen mit Lerntagebüchern in der Grundschule. In: Becker, K./Groeben, A. von der/Lenzen, K.-D./Winter, F. (Hrsg.): Leistung sehen, fördern, werten. Tagungsdokumentation. Klinkhardt: Bad Heilbrunn, 80–87.

Brunner, I. (2006): So planen Sie Portfolioarbeit. In: Brunner, I./Häcker, T./Winter, F. (Hrsg.): Das Handbuch Portfolioarbeit. Kallmeyer: Seelze, 89–95.

Butler, R. (2005): Ein zielorientiertes Modell für Feedbackverfahren im Unterricht. Implikationen für Lernmotivation und Schulstruktur. In: Unterrichtswissenschaft, 33. Jg, Heft 2, 122–142.

Csikszentmihalyi, M. (^{5}1993): Das Flow-Erlebnis. Klett Verlag: Stuttgart.

Cwik, G./Risters, W. (2004a): Lernen lernen von Anfang an. Band 1: Individuelle Methoden trainieren. Cornelsen Scriptor: Berlin.

Cwik, G./Risters, W. (2004b): Lernen lernen von Anfang an. Band 2: Kommunikation und Kooperation üben. Cornelsen Scriptor: Berlin.

Deci, E. L./Ryan, R. M. (1993): Die Selbstbestimmungstheorie der Motivation und ihre Bedeutung für die Pädagogik. In: Zeitschrift für Pädagogik, 39. Jg., Heft 2, 223–238.

Dehaene, S. (1999): Der Zahlensinn oder warum wir rechnen können. Birkhäuser: Basel et. al.

Dröse, I./Weiss, L. (^{2}2005): Lernen lernen – Lernen lehren. Praktische Unterrichtsvorschläge für die Grundschule. Band 1. Auer: Donauwörth.

Easly, S.-D./Mitchell, K. (2004): Arbeiten mit Portfolios: Schüler fordern, fördern und fair beurteilen. Verlag an der Ruhr: Mülheim an der Ruhr.

Flitner, A. (1999): Reform der Erziehung. Impulse des 20. Jahrhunderts. Piper: München.

Gallin, P./Ruf, U. (1995): Ich – Du – Wir. 1.–3. Schuljahr. Lehrmittelverlag: Zürich.

Gallin, P./Ruf, U. (1999): Ich – Du – Wir. 4.–5. Schuljahr. Lehrmittelverlag: Zürich.

Green, N./Green, K. (2005): Kooperatives Lernen im Klassenraum und im Kollegium: Das Trainingsbuch. Kallmeyer: Seelze.

GROEBEN, A. VON DER (2008): Verschiedenheit nutzen. Besser lernen in heterogenen Gruppen. Cornelsen: Berlin.

HÄCKER, T. (2006): Vielfalt der Portfoliobegriffe. Annäherungen an ein schwer fassbares Konzept. In: BRUNNER, I./HÄCKER, T./WINTER, F. (Hrsg.): Das Handbuch Portfolioarbeit. Kallmeyer: Seelze, 33–39.

HÄCKER, T. (2007): Portfolio: ein Entwicklungsinstrument für selbstbestimmtes Lernen. Eine explorative Studie zur Arbeit mit Portfolios in der Sekundarstufe 1. Schneider: Baltmannsweiler.

HENGARTNER, E./HIRT, U./WÄLTI, B. (2008): Lernumgebungen für Rechenschwache bis Hochbegabte. Klett und Balmer: Zug.

HENTIG, H. V. (2004): Abgleich DVD, RN, 28.11.04, http://www.archiv-der-zukunft. de/downloads/materialien/th/hentig_dvd.pdf (letzter Zugriff am 27.04.2009).

HEROLD, M./LANDHERR, B. ([2]2003): Selbstorganisiertes Lernen. Schneider Verlag Hohengehren: Baltmannsweiler.

HERSCHKOWITZ, N./HERSCHKOWITZ-CHAPMANN, E. ([2]2004): Klug, neugierig und fit für die Welt. Gehirn- und Persönlichkeitsentwicklung in den ersten sechs Lebensjahren. Herder: Freiburg.

HESS, K. (1990): Förderung operativen Denkens im Mathematik-Erstunterricht. Eine Darstellung am Beispiel der Einführung mathematisch-numerischer Operationen „Addition und Subtraktion". In: Vierteljahresschrift für Heilpädagogik und ihre Nachbargebiete, 59. Jg., 428–445.

HESS, K. (1997): Aufbau mentaler Mengenvorstellungen durch ein Repräsentationsformat mit figuralen Prototypen. In: MÜLLER, K. P. (Hrsg.): Beiträge zum Mathematikunterricht: Vorträge auf der 31. Tagung für Didaktik der Mathematik vom 3. bis 7. März 1997 in Leipzig. Franzbecker: Hildesheim, 211–214.

HESS, K. (1998): Bewegliches und einsichtiges Operieren im kleinen Einspluseins. In: NEUBRAND, M. (Hrsg.): Beiträge zum Mathematikunterricht: Vorträge auf der 32. Tagung für Didaktik der Mathematik vom 2. bis 6. März 1998 in München. Franzbecker: Hildesheim/Berlin, 299–302.

HESS, K. (2003): Lehren – zwischen Belehrung und Lernbegleitung. Einstellungen, Umsetzungen und Wirkungen im mathematischen Anfangsunterricht. h.e.p.: Bern.

HESS, K. (2004a): Sonderpädagogische Kompetenz für den Umgang mit Heterogenität. In: journal für lehrerinnen- und lehrerbildung, 4. Jg., Heft 4, 69–78.

HESS, K. (2004b): Lehren als Lernbegleitung. Didaktische Implikationen aus (sonder-)pädagogischer Sicht. In: REISS, K. ET. AL. (Hrsg.): Beiträge zum Mathematikunterricht: Vorträge auf der 38. Tagung für Didaktik der Mathematik vom 1. bis 5. März 2004 in Augsburg. Franzbecker: Hildesheim/Berlin, 249–252.

HIRT, U./WÄLTI, B. (2008): Lernumgebungen für den Mathematikunterricht. Natürliche Differenzierung für Rechenschwache bis Hochbegabte. Velber: Kallmeyer.

HUBER, L. (2000): Selbständiges Lernen als Weg und Ziel. In: LANDESINSTITUT FÜR SCHULE UND WEITERBILDUNG NRW (LSW) (Hrsg.): Förderung selbständigen Lernens in der gymnasialen Oberstufe. LSW: Soest, 9–37; erhältlich unter: http://www.learn-line.nrw.de → Themenangebote von A–Z → BLK-Modellversuch SelMa → Grundlegendes → Vorträge und Aufsätz (letzter Zugriff am 27.04.2009).

HUSCHKE, P./MANGELSDORF M. (1988): Wochenplanunterricht. Beltz: Weinheim/ Basel.

IWAN, R. (2005): Zeig, was du kannst. Menon. Heidelberg.

JERVIS, K. (1996): Eyes on the child. Three portfolio stories. Teachers College Press: New York.

JUNGEN, T. (2006): Ein geeignetes Klassenzimmer einrichten. Wie man sich die Portfolioarbeit erleichtern kann. In: BRUNNER, I./HÄCKER, T./WINTER, F. (Hrsg.): Das Handbuch Portfolioarbeit. Klett/Kallmeyer: Seelze, 112–115.

KAHL, R. (2004): Treibhäuser der Zukunft. Wie in Deutschland Schulen gelingen. DVD und Begleitheft. Beltz: Weinheim.

KRAUTHAUSEN, G. (1995): Die „Kraft der Fünf" und das denkende Rechnen. Zur Bedeutung tragfähiger Vorstellungsbilder im mathematischen Anfangsunterricht. In: MÜLLER, G. N./WITTMANN, E. C. (Hrsg.): Mit Kindern Rechnen. Arbeitskreis Grundschule, Grundschulverband e.V.: Frankfurt am Main, 87–108.

KRAUTHAUSEN, G. (1997): CD-ROM Blitzrechnen. Kopfrechnen im 1. und 2. Schuljahr. Klett Grundschulverlag: Leipzig.

KRAUTHAUSEN, G. (1998): Lernen – lehren – Lehren lernen: zur mathematisch-didaktischen Lehrerbildung am Beispiel der Primarstufe. Klett Grundschulverlag: Leipzig.

LORENZ, J. H. (1992): Anschauung und Veranschaulichungsmittel im Mathematikunterricht. Mentales visuelles Operieren und Rechenleistung. Hogrefe: Göttingen et. al.

LORENZ, J. H. (1993): Veranschaulichungsmittel im arithmetischen Anfangsunterricht. In: Lorenz, J. H. (Hrsg.): Mathematik und Anschauung. IDM-Reihe Untersuchungen zum Mathematikunterricht. Band 18. Aulis: Köln, 122–146.

LÖTSCHER, H./SCHÄR, R. (2006): Rahel erzählt ihre Lerngeschichte. Förderorientierte Beurteilungsgespräche mit Portfolio. In: BRUNNER, I./HÄCKER, T./WINTER, F. (Hrsg.): Das Handbuch Portfolioarbeit. Klett/Kallmeyer: Seelze, 187–192.

MAIER, H. (1998): Zur Interpretation textlicher Eigenproduktionen von Schülern. In: PETER-KOOP, A. (Hrsg.): Das besondere Kind im Mathematikunterricht der Grundschule. Peter Sorger zum 60. Geburtstag. Mildenberger: Offenburg, 141–154.

MICHALSEN-BURKARDT, U./WITTE, C. (2008): Das Geheimnis der Portfolioarbeit (DVD). Mensch und Buch: Berlin.

MOSER-OPITZ, E. (2001): Zählen, Zahlbegriff, Rechnen. Theoretische Grundlagen und eine empirische Untersuchung zum mathematischen Erstunterricht in Sonderklassen. 27. Beiheft zur Vierteljahresschrift für Heilpädagogik. Haupt: Bern et.al.

NETZWERK PORTFOLIOARBEIT (o. J.): „Was gehört zu guter Portfolioarbeit", http://www.portfolio-schule.de → Material → Textbeiträge → Orientierungspunkte und Qualitätskriterien (letzer Zugriff am 27.04.2009).

RAKER, K./STASCHEIT, W. (2007): Was ist Portfolioarbeit? Verlag an der Ruhr: Mülheim an der Ruhr.

REINMANN-ROTHMEIER, G./MANDL, H. (1998): Wissensvermittlung. Ansätze zur Förderung des Wissenserwerbs. In: BIRNBAUMER, N. ET.AL. (Hrsg.): Enzyklopädie der Psychologie. Band 6. Hogrefe: Göttingen, 457–500.

RENTSCH, K. (2006): Mit Portfolioarbeit beginnen. Bericht aus dem Werkstattunterricht einer ersten Klasse. In: BRUNNER, I./HÄCKER, T./WINTER, F. (Hrsg.): Das Handbuch Portfolioarbeit. Klett/Kallmeyer: Seelze, 116–120.

RUF, U./KELLER, S./WINTER, F. (Hrsg.) (2008): Besser lernen im Dialog. Dialogisches Lernen in der Unterrichtspraxis. Klett/Kallmeyer: Seelze.

SCHERER, P. (1995): Entdeckendes Lernen im Mathematikunterricht der Schule für Lernbehinderte. Theoretische Grundlegung und evaluierte unterrichtspraktische Erprobung. Edition Schindele: Heidelberg.

SCHMASSMANN, M. (2008): Der Weg vom Zählen zum Rechnen und zum Denken. In: „4 bis 8", 3. Jg. Heft 1, 13–14.

SCHULGESETZ FÜR DAS LAND NORDRHEIN-WESTFALEN vom 15.02.2005. GV. NRW. S. 102. Zuletzt geändert durch das Gesetz vom 24.06.2008 GV. NRW. S. 486. http://www.schulministerium.nrw.de/BP/index.html → Schulrecht → Grundlegende Gesetze → Schulgesetz für das Land Nordrhein-Westfalen (SchulG) (letzter Zugriff am 27.04.2009).

SEHR, A. (2007): Potentiale selbstgesteuerten Lernens im Rahmen von Wochenplanarbeit in der Grundschule. Dissertation. Ludwig-Maximilians-Universität München. Erhältlich unter: http://edoc.ub.uni-muenchen.de/7401/ (letzter Zugriff am 27.04.2009).

SENFTLEBEN, H.-G. (1996): Erkundungen zur Kopfgeometrie unter besonderer Beachtung der Einbeziehung kopfgeometrischer Aufgaben in den Mathematikunterricht der Grundschule. Journal für Mathematik-Didaktik, 17. Jg., Heft 1, 49-72.

STERN, E. (1998): Die Entwicklung des mathematischen Verständnisses im Kindesalter. Pabst Science Publishers: Lengerich et. al.

TERHART, E. (^{3}2000): Lehr-Lern-Methoden. Juventa: Weinheim/München.

TER HEEGE, H. (1985): The acquisition of basic multiplications skills. In: Educational Studies in Mathematics, 16. Jg., 375–388.

VIERLINGER, R. (1999): Leistung spricht für sich selbst. Dieck: Heinsberg.

WIEDEHAGE, I. (2008): Eine Reise in die Welt der Kunst. Themenportfolios im Kunst- und Deutschunterricht einer 5. Klasse. In: SCHWARZ, J./VOLKWEIN, K./WINTER, F. (Hrsg.): Portfolio im Unterricht. 13 Unterrichtseinheiten mit Portfolio. Klett/Kallmeyer: Seelze, 57–75.

WINTER, F. (2004): Leistungsbewertung. Eine neue Lernkultur braucht einen anderen Umgang mit den Schülerleistungen. Schneider Verlag Hohengehren: Baltmannsweiler.

WINTER, F. (2006a): Wir sprechen über Qualitäten. Das Portfolio als Chance für eine Reform der Leistungsbewertung. In: BRUNNER, I./HÄCKER, TH./WINTER, F. (Hrsg.): Das Handbuch Portfolioarbeit. Kallmeyer: Seelze, 165–170.

WINTER, F. (2006b): Mehr als nur Technik – die Rolle der Präsentation in einer neuen Lernkultur, http://www.portfolio-schule.de → Material → Textbeiträge (letzter Zugriff am 27.04.2009).

WINTER, F. (2007a): Fragen der Leistungsbewertung beim Lerntagebuch und Portfolio. In: GLÄSER-ZIKUDA, M./HASCHER, T. (Hrsg.): Lernprozesse dokumentieren, reflektieren und beurteilen. Lerntagebuch und Portfolio in Bildungsforschung und Bildungspraxis. Klinkhardt: Bad Heilbrunn, 107–129.

WINTER, F. (2007b): Lernmaterial: Themen-Rechercheportfolio. Anregen, unterstützen, beraten – und bewerten. In: Fordern und Fördern in der Sekundarstufe I. Handbuch für Schulleiter. Raabe: Stuttgart, F 2.3, 1–17.

WINTER, F. (2008a): Individuelle Lernvereinbarungen – Förderung für besonders Begabte und alle anderen. In: Fordern und Fördern in der Sekundarstufe I. Handbuch für Schulleiter. Raabe: Stuttgart, F 4.1, 1–16.

WINTER, F. (2008b): Das Portfolio und neue Wege der Pädagogischen Diagnostik in Kindergarten und Grundschule. In: STADLER-ALTMANN, U./SCHINDELE, J./SCHRAUT, A. (Hrsg.): Neue Lernkultur – Neue Leistungskultur. Klinkhardt: Bad Heilbrunn, 208–223.

WINTER, F./FREI, T. (2000): Präsentation und Wahrnehmung von Leistungen. „Wir würdigen selbständige Leistungen." Lernende Schule 3, Heft 11, 18–20.

WINTER, F./SCHWARZ, J./VOLKWEIN, K. (2008): Unterricht mit Portfolio. Überlegungen zur Didaktik der Portfolioarbeit. In: SCHWARZ, J./VOLKWEIN, K./WINTER, F. (Hrsg.): Portfolio im Unterricht. 13 Unterrichtseinheiten mit Portfolio. Klett/Kallmeyer: Seelze, 21–54.

WINTER, F./VOLKWEIN, K. (2006): Wir beginnen mit einer „Werkbetrachtung". Gemeinsam lernen, gute Kommentare zu schreiben. In: BRUNNER, I./HÄCKER, T./WINTER, F. (Hrsg.): Das Handbuch Portfolioarbeit. Klett/Kallmeyer: Seelze, 200–207.

WITTMANN, E. C./MÜLLER, G. N. (1989): Einmaleins-Tafel. Klett: Stuttgart.

WITTMANN, E. C. (1998): Design und Erforschung von Lernumgebungen als Kern der Mathematikdidaktik. Beiträge zur Lehrerbildung, 16. Jg., Heft 3, 329–342.